KB212294

습관을 바꾸면
미래가 바뀐다

임우현 지음

징검다리

습관을 바꾸면 미래가 바뀐다

Contents

PART 1

예배의 승리를 생활의 승리로! | 20 |

번개탄 목사의 습관 바꾸기 프로젝트

습관이 모든 것을 이깁니다. 은사도 재능도 의지도 잘못 형성된 습관에 번번이 패합니다. 그래서 어려서부터 좋은 습관을 만들어주는 것이 가장 중요한 교육입니다. 말씀을 듣는 것, 예배를 드리는 것, 봉사와 섬김을 실천하는 것 등 모두 습관적으로 해서는 안 되지만 경건의 습관이 되도록 하는 것이 중요합니다. 좋은 습관이 좋은 미래를 만듭니다. 임우현 목사님의 책을 통해 도전받고 좋은 습관으로 인생의 미래가 바뀌는 놀라운 일들이 일어날 것이라 확신합니다.

윤은성 목사_어깨동무학교 교장, ARCC연구소 대표

습관이란 하루아침에 형성되지 않습니다. 많은 실패와 실수를 딛고 일어난 자에게 주님께서 허락하시는 훈장입니다. 임우현 목사는 미,적분 같은 친구입니다. 어렵고 이해 안 되는 구석이 한둘이 아닙니다. 그런 그를 통해 저의 식견과 만남의 지평이 얼마나 넓어졌는지 모릅니다. 그의 고약하면서도 빠져나올 수 없는 마력 같은 습관 때문에 말입니다. 이 책을 통해 변화되는 습관 그 찬란한 은혜의 순간을 맞이하시길 도전합니다.

강은도 목사_더푸른교회 담임

"생각을 바꾸면 미래가 바뀐다" 이 책 제목은 저자 임우현 목사님의 삶의 모습을 표현해준다고 생각합니다. 임우현 목사님은 생각을 바꾸면서 미래를 준비합니다. 미래를 위해 창의적인 생각을 하고, 그것을 실천에 옮깁니다. 그 실천의 열매가 바로 유튜브 방송인 다음 세대를 위한 번개탄TV입니다. 번개탄TV를 통해 우리의 삶 속에서 찬양이 회복되고, 말씀으로 충만해지기를 소망합니다. 번개탄TV를 통해 다음 세대에게 복음을 전하고, 그들이 복음 안에서 살아나기를 기도합니다. 번개탄TV를 통해 하나님께서 이루어가실 놀라운 일들을 기대하면서 이 책을 강력히 추천합니다.

김성중 교수_장로회신학대학교 기독교교육과 교수, 기독교교육리더십연구소 소장

"습관을 바꾸면 미래가 바뀐다"의 세 개 정판 출간을 축하드립니다. 이 책을 읽으시는 모든 분이 작은 도전을 통해 오랫동안 반복된 행동방식의 습관이 아닌 찬양하는 일, 기도하는 일, 말씀 보는 일이 우리 인생 가운데 가장 행복한 습관이 되길 기도하며 축복합니다.

박요한 목사_프렌즈교회 담임

습관은 우리가 의식하기 이전에 이루어지는 행위다. 우리 뇌에는 선조체라는 기관이 있는데 이 선조체에 저장된 정보가 바로 습관이다. 그런데 아이러니하게도 무의식중에 이루어지는 습관 정보를 선조체에 넣기 위해서는 의식적인 반복이 필요하다. 이 의식적인 반복으로 습관이 바뀌면 미래가 바뀐다. 본서의 저자 임우현 목사님은 코로나 기간, 이 반복으로 변화를 실천한 장본인이다. 코로나 대처 방송으로 시작한 번개탄TV가 반복을 거듭하여 예배는 상황에 상관없이 결단코 드려져야 한다는 정규 방송으로 자리를 잡았다. 어떤 상황에서도 예배의 끈을 부여잡는 저자의 모습은 일시적인 자극이 덕이라고 말하는 현대문화에 대한 대적이기도 했다. 예배습관으로 미래를 바꾼 저자의 서를 추천한다.

서종현 선교사_EMT선교회 대표 목사, 한국문화심리연구소 소장

임우현 목사님의 삶 자체가 생각을 바꾸면서 습관을 바꾸고 사는 분입니다. 아무도 예상하지 않았던 코로나 상황 속에서, 가장 먼저 생각을 바꾼 분입니다. 번개탄TV를 설립을 하고, 온라인 사역의 플랫폼을 개척하였습니다. 그간 수뇌 집회만 다녔던 분이 이런 사역의 패러다임을 전환한다는 것은 결코 쉬운 일이 아니었을 것입니다. 결국에 코로나로 답답하고 은혜의 길을 놓친 수많은 다음세대들이 계속해서 은혜의 대로를 발견하고 그 길을 걸을 수 있게 되었습니다. 미래가 불투명하신 분들, 꿈에 대해서 확신이 없는 분들께 강력히 추천하고 싶습니다.

이정현 목사_청암교회 담임

2년 넘도록 진행되었던 코로나 시대는 모든 것을 멈추게 했습니다. 교회도 예외는 아니었습니다. 대면 예배의 문이 닫혔고 신앙의 유산을 흘려보내는 다음세대의 수련회도 빼앗겼습니다. 그러하니 저를 비롯한 순회사역자들의 사역은 사라졌습니다. 다들 전전긍긍하며 움츠려있던 시간에 코로나의 역설을 살아내는 사람이 있었는데 임우현 목사입니다. "생각을 바꾸면 미래가 바뀐다"라는 책의 제목처럼 그는 실제 생각을 바꾸어 미래를 바꾸는 삶을 살아냈습니다. 저로서는 도전은커녕 상상도 못 한 번개탄 TV라는 방송국을 생각해내고 만들어내어 자신뿐만 아니라 수많은 사역자들의 숨통을 터 주어 살아내도록 도움까지 주었습니다. 이번 책에 들어가 있는 내용은 깊은 신학적 학문보다는 실제로 살아낸 그의 경험담이 가득한 흥미진진한 책이라 이리 강력히 추천합니다. 우리의 생각이 바뀌게 하는 자극을 줄 것이라 믿습니다.

장종택 목사_온유야 아빠야, 영적 외도하는 예배자 저자 코로나 시대를 맞이하면서 임우현목사님과 번개탄TV에서 유튜브 수련회를 실행하는 모습을 가까이서 보고 역시나 생각과 습관이 삶의 방향에 얼마나 중요한지 알게되었습니다. 복음은 변함이 없지만 세대가 급속도로 변하고 있고 코로나로 인해 모든 게 더 빨리 변하고 있는 시점에서 주님이 주신 창조적인 마인드로 귀한 다음세대 살리는 사역을 미디어로 펼치고 있는 것을 보았습니다. 이 책을 통해 더 많은 분들이 생각을 바꾸고 습관을 바꾸고 주어진 상황속에서 주님께서 허락하신 아름다운 미래를 만들어가기를 축복합니다. 필요한 인사이트도 얻어가시지만 주님의 일하심과 은혜를 목격하는 도서 입니다.

브라이언킴 찬양사역자 소울브로즈 대표, 대표 곡:주가 일하시네

프
롤
로
그

2009년 4월 서울극동방송 클릭비전 담당 PD에게 방송을 함께 하자는 제
안을 받았습니다. 개척교회 목사이고 사실상 별로 가진 것도 없는 부족한
선교회 목사에게 전국의 청소년과 청년들에게 매주 방송으로 공개적인
이야기를 나눌 기회가 주어진 것입니다. 어떤 내용을 할 것인지에 대한 질
문에 머뭇거림 없이 바로 대답한 내용이 〈습관 바꾸기 프로젝트〉입니다.

습관을 바꾸면 미래가 바뀐다.
지난 3년 동안 제 인생이 180도 달라진 경험을 돌아보며 나처럼 힘들고
어렵고 어두운 터널 같은 시간을 보내는 청소년들과 청년들이 있을 거라
는 생각이 떠올랐습니다. 그들에게 지난 3년간 나의 작은 변화들이 가져
다준 어마어마한 축복과 변화들을 함께 나누고 싶은 마음이 생겼습니다.
너무나도 기본적이지만 너무나도 파격적인 이야기들.

의약품을 개발할 때 가장 중요한 것이 임상 시험 결과라면 방송에서 나누었던 모든 이야기는 지난 3년간 인간 임우현, 목사 임우현의 습관 바꾸기 프로젝트 임상시험 결과입니다. 다른 이들에게는 너무나 평범한 삶이지만 제게는 너무나도 기적과도 같은 오늘을 살아가며 누리는 내용을 나누었기에 이 책의 내용은 지난 저의 삶과 사역의 아주 짧은 단편들과 습관을 바꾼 뒤에 주어진 축복과도 같은 내용들을 모았답니다. 부디 누군가에게 다시 한번 용기를 내어 시작할 수 있는 작은 위로와 힘이 되기를 기도해 봅니다.

이 땅에 다시 한번 부흥의 불길이 타오르길 소망하며 날마다 복음의 번개탄 피우기를 소망하는 아직도 갈 길이 한참 먼 임우현 목사가 드립니다.

개
정
판
을

준
비
하
며

습관을 바꾸면 미래가 바뀐다

2011년 3월 29일에 초판을 발행했던 저의 첫 번째 미래가 바뀐다 시리즈 첫 번째 도서가 계속해서 많은 분들의 사랑을 받으며 베스트셀러는 아니어도 십 년이 넘도록 많은 성도님들과 다음세대에게 사랑을 받는 스테디셀러로, 여전히 다음세대 사역의 현장을 달려가는 저에게 든든한 탄약이자 무기가 되어 함께 쓰임 받고 있음이 놀랍고 감사할 뿐입니다.

그런데 많은 사랑을 받으며 달려가고 있었는데 하나님의 또 다른 계획 아래 2020년에 전 세계적인 코로나라는 시대적인 전염병으로 말미암아 어느 순간 출판 시장이 얼어붙고 또한 순회 강의와 집회 사역이 멈추는 바람이 불기 시작했습니다. 그러다 2022년 6월에 다시 코로나가 잠잠해지며 현장에서 다음세대와 성도님들을 만나고 새롭게 사역의 현장이 넓어지고 있는 상황 속에 많은 분이 다시 '습관을 바꾸면 미래가 바뀐다' 도서를 재주문해 주시고 현장에 찾아주셔서 10년이면 강산도 변한다는데 3부의 내용을 바꾸어 개정판을 내게 되었습니다. 다만 본문의 내용은 따로 손을 대지 않고 (이 내용을 한창 나눌 때 저도 습관을 바꾸는 중이었기에 가장 리얼함이 살아 있는 내용이라 굳이 바꿀 이유는 많이 없을 것 같아서요) 3부만 내용을 추가했습니다.

어쩌면 제가 17살에 예수님을 만나고 20살에 신학교를 가서 24살에 징검다리 사역을 시작하고 오늘까지 참 많이 힘들고 어려운 시간이 있었지만 생각해보면 그중에 가장 힘들고 어려웠던 시간이 바로 2020년 겨울부터 시작된 코로나로 인해 살면서 가장 힘든 고난이 시작된 듯하고 어느새 2년이 더 지나 2022년까지 처음 살아보며 경험하는 고난의 시간을 경험하게 되었답니다.

그런데 정말 지난 10년 동안 이 책의 내용처럼 내 안에 바뀐 믿음의 습관으로 말미암아 가장 힘들 수 있었던 3년이란 시간 동안 믿음의 우선순위 잃어버리지 않고 하루하루 유튜브 영상으로 도전하든 줌으로 예배를 드리든 가장 기본적인 삶의 습관과 믿음의 습관대로 우선순위를 정해서 살아오고 버텨오니 어느 날 코로나라는 가장 큰 위기 속에서도 여전히 믿음으로 살아내게 되었답니다.

그리고 코로나 전에 십 년 동안도 한국교회 다음세대에게 엄청난 하나님의 사람이 되려고만 애쓰지 말고 하루하루 매주마다 주어지는 모든 예배 속에 작은 믿음의 습관을 바꾸어 가며 여전히 믿음 안에서 이겨내는 믿음의 삶을 살아갈 때 코로나라는 위기는 우리 믿음의 사람들에게 평생 경험하지 못했던 놀라운 믿음의 승리를 알려주는 기회가 되었음을 간증하는 날이 올 것이라 믿습니다.

이 땅에 다시 한번 부흥의 날이 회복되길 소망하며 진심으로 한국교회와 다음세대가 여호와께 돌아오는 소망의 날들을 기대하며 함께 힘내서 믿음 안에 승리로 함께 걸어가길 소망하고 여전히 오늘도 작은 믿음의 습관을 함께 바꾸어 가는 믿음의 가족과 친구로 함께 살아가는 한 사람이 되길 소망하며 새로 개정판으로 출판되는 이 책을 통해 주님 다시 한번 일하심을 소망하며 기도합니다.

다음세대에게 복음을 전하는
유튜브 번개탄TV 방송국 스튜디오에서
임우현 목사 드림

습관을 바꾸면 미래가 바뀐다

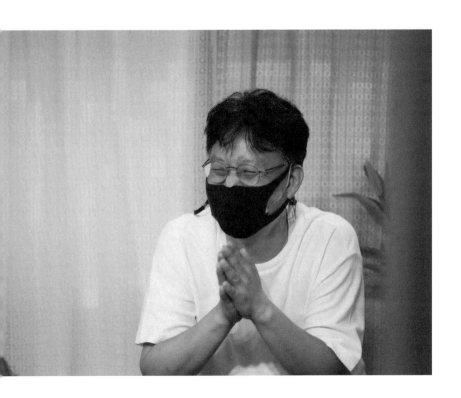

PART 1

예배의 승리를
생활의 승리로!

번개탄 목사의
습관 바꾸기 프로젝트

#시작

2005년 8월 여름 어느 날 저와 아내는 청주지방법원 2호 법정에 함께 앉아 있었답니다. 누군가의 재판을 구경하러 온 것이 아니라 수십 명의 사람들 틈에 끼여 신용 불량자로 수년을 살아오다 갚을 수 없는 부채에 정상적인 생활이 불가능하니 개인회생이라는 제도의 첫해 신청자가 되었고 법원에서 판사의 재판 아래 5년의 개인회생에 들어가게 되었습니다.

   그 당시 총부채 3억 8천만 원. 징검다리 사역을 시작한 지 12년 만에 저에게 주어진 현실이었습니다. 1994년 5월 어느 날 청주라는 작은 도시 허름한 사무실에 책상 하나 놓고 시작한 징검다리 사역이었습니다. 이 땅의 문화를 하나님께 드리고 청소년들의 영혼을 구원하겠다고 문화 복지

선교 사역의 큰 발을 내딛게 되었습니다. 날마다 하나님께 기도하려 했고 모든 행사 때마다 하나님의 도움을 기다렸고 만나는 모든 사람과 예수님 이야기로 찬양과 기도 말씀의 시간을 기획하고 진행하게 되었습니다.

그 결과 12년 만에 파산하게 된 현실. 물질적으로는 파산이요, 육체적으로는 날마다 곤고함이요. 언제나 바람 불면 넘어질 듯한 그런 하루하루 저의 고민은 그렇게 시작이 되었답니다.

#처음

1999년 5월 5일에 결혼을 했습니다. 그때만 해도 여전히 모든 일의 가능성이 있었고, 무언가를 해도 자신이 넘치던 스물아홉. 하나님이 세상의 모든 것을 나에게 줄 것만 같았고 그저 기회만 되면 모든 일을 해보고 싶었습니다.

어느 날 부산실내체육관에서 어느 외국 사역자의 멋진 공연을 보게 되었고 왠지 모를 사명감에 저 공연을 내가 사는 청주에서 주최해 청주 땅에 부흥을 일으키라는 사명감.

결국, 저는 할 수 없는 상황 가운데 주님만을(?) 의지하고 내가 만들 수 있는 모든 카드와 내가 빌릴 수 있는 모든 카드 총 20개, 내가 받을 수 있는 학자금 대출을 받아 5천만 원이라는 거금을 하나님의 도우심(?)으로 만들 수가 있었고 청주 체육관에서 아주 성대한 찬양콘서트를 개최할 수 있었습니다.

결과는 혼자만의 대성공! 공연장의 3분의 1을 채웠고 유명한 외국 밴

드와 함께 드린 두 시간여의 뜨거운 워십 예배. 뜨거운 콘서트가 끝이 나고 저에게 돌아온 부채 4천만 원의 현실! 제 고난의 웃음은 그렇게 시작이 되었습니다.

#과정

그렇게 시작된 고난은 경제의 악순환을 가져오게 되었습니다.

콘서트 후, 고스란히 남겨진 4천만 원의 부채. 그중 20개의 카드가 매달 인사하기 시작했습니다. '하나님의 축복이요! 여호와이레!'인 줄 알았던 그 카드들은 올가미가 되어 제 발목을 잡았고 빚은 또 빚을 낳았고 아무리 노력해도 갚을 수 없는 부채가 되었고 처음에는 하루 이틀 늦어지던 결제가 점점 더 늦어지게 되면서 결국은 연체에 또 연체. 내 카드야 어쩔 수 없었지만 나를 믿고 빌려준 제자들의 카드까지 연체되는 최악의 순간이 다가왔습니다. 선택한 사채를 통해 제자들 카드 한 달 결제인 1,400만 원을 갚게 되었고 한 달이면 5백만 원이라는 돈을 이자로 내야 하는 깊은 늪에 빠지게 되었습니다. 그렇게 저는 사채와 카드 부채로 인해 전도사이며 사역자였지만 날마다 지옥을 경험하는 하루하루를 살게 되었습니다.

#발버둥

단 하루도 개운하게 일어나는 날이 없었고 단 하루도 기분 좋게 잠드는 날이 없었답니다. 2천만 원 전세는 2백만 원 월세로. 그다음에는 교회 주차장에 세워진 컨테이너로. 저의 사정을 안타깝게 여긴 교회 집사님의 배려로 사용하지 않는 사무실로. 그렇게 여기저기 집을 옮겨야 했으며 어쩌면 아직 신혼이고 아이가 태어나 한참 아기방도 꾸미고 재롱도 보아야 할 그 시기에 저는 집에서 아무것도 할 수 없는 가장이었습니다.

그때부터 더 발버둥을 치게 되었습니다. 첫 번째 목적은 하나님을 위해서, 민족의 부흥을 위해서, 청소년 사역을 위해서, 두 번째는 빚을 갚고 가족과 선교회와 살아야 하기에 발버둥을 쳐야만 했습니다. 세 번째는 돈을 벌어야 했습니다. 더 유명해져야 했습니다.

그렇게 발버둥을 치다 보니 어느 날 라디오도 진행하고 기독교 TV도 진행하고 대학에서 강의도 하며 여기저기 불려다니는 강사도 되고 이벤트 기획자가 되어 그래도 꽤 잘 팔리는 사람이 되어가고 있었습니다. 아주 심한 발버둥. 가족도 나도 없이 살아야 하는 중독자 아닌 중독자가 되어 그렇게 하루하루 죽도록 일만 하는 사람이 되어가고 있었습니다. 밖의 사람들이 보기에는 온몸과 맘을 다해 주를 위해 살아가는 신실한 사역자였지만 가족이 보기에는 정말로 아무것도 해줄 수 없는 너무나도 피곤하고 힘들어 보이는 그런 가장이었고 주님이 보기에는 점점 더 깊은 수렁으로 빠져들어 가는 불쌍한 이의 모습이었답니다.

결국, 첫 번째 목적은 잊어버리고 두 번째 세 번째의 목적들이 제가 살아가는 하루하루의 이유가 되어버리고 말았답니다.

#유혹

될 것 같았습니다. 이번 한 번만, 이것 하나만 잘하면 왠지 될 것 같았습니다. 한 번 더 하고 하나를 더 사면 하나님이 축복해 주실 것 같았습니다. 하나님이 지켜 주실 것 같았습니다. 그래서 했습니다. 그것이 유혹인지도 모르고 더 많은 돈을 벌기 위한 수많은 사역들 더 많은 명예를 누리기 위한 수많은 일들을 하나하나 더 벌여 나가게 되었습니다.

물론 그러는 사이 한 명 한 명 소중했던 동역자들과 마찰이 생기게 되었고 그때 마다 싫으면 관두라는 무언의 압력으로 수도 없이 많은 동역자들에게 스스로 물러날 것을 권면했고 상대적으로 다스리기 편한 또 다른 누군가를 설득해 사역에 동참시키게 되었습니다. 그렇게 벌이는 일들은 보기에 좋았고 지혜로운 선택이었으며 왠지 폼나고 멋있는 그런 결정이었답니다. 점점 더 유명해졌고 한 번에 벌 수 있는 돈이 더 많아졌고 정말로 더욱더 많이 정신없이 바빠지기 시작했습니다.

#대가

그러나 오래지 않아 대가를 치러야 했습니다. 선택을 내가 했으니 대가는 결국 나와 내 가족과 제자들이 치러야 할 몫이었습니다. 이상했습니다. 돈을 많이 벌면 벌수록 나가는 돈은 더 많았습니다. 결국, 얻을 수 있는 부채를 모두 얻었고 그 결과 어머니와 누나, 형 두 명과 매형, 장모님에 이르기까지 결국에는 모두 다 빚 보증인이 되었고 함께 신용불량이 될 수밖에 없는 비참한 대가를 치르게 되었습니다. 수많은 제자들이 함께 신용불량자가 되어가기 시작했고 사채업자와 금융권의 끊임없는 독촉 전화는 저의 모든 일상생활을 마비시킬 정도였습니다.

그렇게 빌고 빌며 사정하다 사역을 나가 방송을 하고 설교를 하고 강의를 한 날이 하루 이틀이 아니었습니다. 나는 안 믿기는데 믿으라고 말해야 하고 기도하라고 말하는데 기도가 안 나오고 감사하라 말하지만, 감사할 수 없는 날들이 매일마다 이어졌습니다. 지옥이었습니다. 그냥 그렇게 하루하루 젊은 날 욕심 부린 내 선택의 대가를 치러야 했습니다.

#그 날

그 날이었습니다. 잊을 수 없는 어느 목요일 밤.
교회에서 학생부 제자들과 기도모임을 하던 날 로비에서 들려오던 외침소리. "임우현, 어디 있어?", "이 개새끼 어디 있어!" 놀라서 나가보니 저에게 카드를 빌려주었던 제자의 가족이 저 때문에 연체가 된 독촉장을 받아보고는 난리가 났고 결국에는 제가 사역하는 교회를 찾아오게 된 것입니다. 기도회를 인도하던 담당 전도사는 학생들을 뒤로하고 그분과 함께 주차장에 나가 눈물로 사과하고 반드시 그 부채는 꼭 갚겠다는 약속을 연신 하고서야 그분은 돌아갔습니다. 그리고 다시 세미나실로 들어가 기도를 마치지 못한 학생들에게 아무 일 없다는 듯 서둘러 마무리를 하고 그곳을 무사히 빠져나왔습니다.

그날 이후 저는 참고 참았던 인내심의 마지막에 다다른 것 같았습니다. 결국, 제가 할 수 있는 선택은 더 이상 없는 것 같았습니다. 울 수도 없고, 도망갈 수도 없고, 죽을 수도 없는 그런 날들. 그런 날들이 계속 이어졌습니다.

#타락

한강으로 갔습니다. 자살하는 사람들이 많이 간다는 한강. 죽고 싶은 마음에 너무나도 창피한 마음에 갔지만 죽을 용기도 없었고 자신도 없었습니다. 그래서 타락을 선택했습니다. 복음보다도 돈을 선택해서 무언가를 해야만 했고, 사명보다는 인기를 위해 누군가를 만나야 했고, 그렇게 하루하루 살아가는 날들 속에 공허해지고, 공허해지는 빈 마음을 세상으로 하나하나 채워나가게 되었답니다.

나는 미자립 교회를 돕는 방송국 TV 진행자였고, 큰 교회들을 다니며 교회 자랑을 하는 라디오 진행자였으며, 후배 사역자들을 가르치는 그런 강사였는데, 청소년들에게 복음을 전하는 그런 강사였는데, 하루하루 저는 더 이상 헤어 나올 수 없는 타락의 늪으로 깊이 빠져들게 되었습니다. 벼락 맞지 않고 교통사고 없이 무사히 살아 있었다는 것이 다행이었습니다.

아니, 그건 기적이었습니다. 소년원과 교도소에 있는 분들 보다도 못한 삶. 매일 집회 때마다 눈물 흘려 통곡하는 친구들보다도 못한 삶. 그러면서도 앞에서 뻔뻔스럽게 마이크를 잡고 있어야 하는 그런 비참한 삶의 주인공이 저였답니다.

#썩은 동태

그러던 어느 날 우연히 찾아간 교회에서 집회를 하게 되었고 그때, 한 번의 방송으로 2백만 원 이상의 수입(?)을 올리게 되면서 저는 거의 흥분되고 기쁜 마음에 '아! 이 교회와 친하게 지내야겠다.'라는 마음을 먹었습니다. 얼마 후 그 교회를 다시 찾아갔고, 또 다른 무언가의 일을 벌여 스폰서를 부탁하려 했습니다.

그때 만난 한 목사님이 저에게 농담 섞인 한 마디로 "자네는 눈이 썩은 동태 같네!"라고 하셨습니다. 그때 저는 피곤해서 그렇다며 웃고 넘겼지만, 그 한마디가 그날 밤부터 돌이킬 수 없는 나만의 단어가 되었습니다. 밤마다 아니 낮에도 매시간 계속 묵상 되어버린 한마디 '동태. 동태. 썩은 동태.' 정말로 그날 이후 나의 모든 것은 점점 더 썩은 동태가 되어가고 있었습니다. 아내와 아이에게는 부끄러운 썩은 동태 같은 남편과 아빠의 모습으로. 간사들과 제자들에게도 부끄러운 썩은 동태 같은 리더와 목회자의 모습으로. 학생들과 성도들, 한국교회에도 썩은 동태 같은 사역자의 모습이었던 겁니다. 사실 저도 알면서도 모른 척하고 살았던 겁니다. 하지만 이제는 어쩔 수 없이 나 자신도 남들도 알아버렸고 이제는 더 이상 이렇게는 살 수 없는 상황에 다다랐습니다.

#예배

다시 그 교회를 찾아갔습니다. "어떻게 하면 좋을까요? 어찌하면 좋을까요?" 심각한 물음에 목사님은 예배드리자고 하셨습니다. 다 내려놓고 예배드리자고 하셨습니다. 그 단순한 대답에 '예배! 예배! 내가 날마다 드리던 것이 예배인데 예배드린다고 될까? 예배만으로 될까?'

아내와의 오랜 상의 끝에 드디어 12년간 하던 모든 일들과 징검다리를 내려놓기로 했습니다. 잠시만 멈추자! 하고 싶던 모든 일, 돈을 벌 수 있는 모든 일. 다 내려놓고 이제는 정말로 예배만 드리자. 하나님이 하라는 일만 하자.

아내와 남아있는 두세 명의 제자와 함께, 어느 날 갑자기 보내준 목사님들과 함께, 십자가와 복음! 생명 건 예배와 기도를 일 년 동안 하고, 회개 금식과 결단의 시간을 보내며 태어나서 처음으로 십자가 붙들고 복음을 붙들고 눈물 흘리며 기도했답니다.

그렇게 하루하루 살아가게 되었습니다. 내가 나를 위해서 할 수 있는 것은 아무것도 없고 오직 하나님이 나를 위해 무엇을 하실까! 기다리는 예배. 그 예배가 너무나도 즐거워지기 시작했습니다.

#이사

예배를 더 드리기 위해 교회 사택으로 이사했습니다. 하루하루 쉬지 않고 예배드리고 생명 걸고 기도하고 소리 높여 찬양하고, 내가 무언가를 하기보다는 우리를 위해 무언가를 해주시기를 기다리는 시간들.

그렇게 하루하루의 시간들을 보내게 되었고 이사를 한 후에는 이제 살기 위해 예배드리는 사람이 아닌 예배 드리기 위해 살아가는 사람으로 조금씩 조금씩 변해가게 되었습니다. 생명 걸고 기도하니 날마다 하나님의 간섭을 받게 되었고 예전에 지었던 모든 죄들, 지금도 날마다 짓게 되는 모든 죄들은 눈물 나는 회개와 가슴 아픈 금식과 통곡으로 매일 터져 나오게 되었답니다. 소리 높인 찬양은 내 맘에 평안과 기쁨을 주었고 알 수 없는 새로운 힘을 날마다 공급해 주게 되었답니다. 날마다 새 노래로 날마다 새롭게 만드시는 하나님의 은혜로 날마다 새로워지는 나의 삶을 보게 되었습니다.

#기적

그렇게 날마다 찬양과 기도와 말씀으로 드려지는 예배 속에 살아가는 어느 날, 새롭게 바뀐 저의 모습은 기적이라는 단어 외에는 아무것도 생각할 수 없습니다. 제자들의 카드는 물론 우리 가족의 카드도 모두 다 갚아 사라졌답니다. 2010년 8월에 길고도 길었던 5년간의 개인회생이 끝나고 드디어 신용이 회복되었습니다. 남아있는 부채가 있지만, 지금처럼 성실하게 살아가면 일이 년 내에 다 갚을 수 있을 것 같습니다.

한 달에 40번씩 결제를 하던 상황이 이제는 한 달에 10번 미만으로. 이것도 많지만, 이제는 마라톤 선수가 모든 코스를 다 돌고 끝이 보이는 마지막 경기장으로 입장하는 모습과도 같습니다. 헌금할 수 있고, 선교할 수 있고, 나누어 줄 수도 있는. 아! 정말로 이 시간들은 정말로 제게는 기적이었습니다. 사랑하는 아내와 아이 너무나도 감사한 어머니와 가족들. 이제는 평생 놓고 싶지 않은 간사들과 제자들. 누구보다도 사랑하며 아껴

주는 징검다리 가족들. 평생 빚진 마음 들게 하는 스승님과 나보다 더 힘들었을 성도님들의 기도 덕분에 영도 육도 더 건강해져 가고 있답니다.

어느 날부터 징검다리에서 행하는 여러 사역의 주제에 기적이라는 단어가 많이 들어가는 것을 보게 되었답니다. 아침이 기적이고 저녁이 기적이고 그렇게 하루하루를 기적처럼 살아가게 되었답니다.

#오해

그러다 보니 본의 아닌 오해도 많이 당하게 되었답니다. 가끔 만나는 사역자들이나 오랜만에 연락이 되는 지인들과 대화를 하다 보면 예배 이야기 교회 이야기를 자주 하게 됩니다. 예배드리니까 너무 좋다고 우리 교회 너무 좋다고 말하게 됩니다. 가끔은 몇몇 분들이 '우리도 다 예배드려.'라는 반응과 함께 '왜, 너희 교회로 예배를 오라 하냐.'며 오해를 하신답니다. 우리 교회로 오라는 이야기가 아니라 있는 자리에서 최선으로 예배를 드리고 기회가 되면 함께 예배드리자는 초대입니다. 우리 교회야 워낙 캠프와 수련회로 다음 세대를 위해서 자주 예배드리니 함께 해도 좋다는 초청입니다. 맛있는 식당을 알다 보니 누군가가 배고프다 하면 우선으로 그 식당을 알려주는 것과 똑같은 거예요.

우리의 비전은 한국 땅의 모든 교회를 섬기며 한국의 청소년들과 청년들이 세계 열방 속에 이 시대에 꼭 필요한 하나님의 부르심의 자리에 함께 있기를 소망하는 교회입니다. 아직도 먼 길입니다. 걸어온 길보다 걸어갈 길이 훨씬 더 먼 길. 오늘도 나의 작은 실수와 언어들로 누군가에게 오해가 될까봐 늘 조심스럽습니다. 주님이 하루하루 이끌어 주시는 대로 잘 따라갈 수 있기만을 기도할 뿐입니다.

#방송

2009년 4월 서울 극동방송 프로그램인 클럭비전의 〈세상 속으로〉를 진행하게 되었습니다. 매주 금요일 밤 11시에 '습관이 바뀌면 미래가 변한다'라는 주제로 이야기를 나누기 시작했습니다. 몇 주를 진행할 지 얼마나 진행할 지 어떻게 진행할 지도 자세히 모른 채 한 주 한 주 주님이 주시는 은혜와 예배를 통해 배운 은혜를 나누기 시작했습니다. 저의 모난 습관을 고쳐가며 얻을 수 있는 경험들을 모아 이야기를 나누었습니다. 예능 프로그램처럼 신나게 가끔은 시사 프로그램처럼 진지하게 한 주 한 주 이어오던 코너가 어느새 일 년이 되었습니다.

지금 이 마음을 잊어버릴까 두려워 다시 한번 마음의 결단을 하고 부족한 글과 내용을 책으로 묶어 보기로 했습니다. 단 한 명의 청취자에게라도 도움이 되었다면 그것만으로 감사하고, 이제는 또 다른 누군가에게 도움이 되기를 바라는 마음으로 이 책을 준비하게 되었습니다. 저는 지금도 날마다 생방송 같은 마음으로 오늘도 내 안의 작은 습관들을 하나씩 바꾸고 있습니다.

지금은 수요일 밤 11시에 서울 극동방송을 통해 새로운 은혜를 나누며 누군가를 만나고 있었던 이야기를 모았습니다.

#코로나 시대 새로운 도전

정말 듣도 보도 못한 코로나 시대라는 전염병의 시대가 2020년 1월에 시작하여 2월에 대구에서 퍼지기 시작하면서 한 주만에 모든 겨울 수련회가 취소되고 일주일 후에는 주일예배도 모일 수가 없는 사상 초유의 시대를 맞이하게 되었답니다.

일주일 동안은 정말 멍하니 처음 경험하는 날들 속에 어떻게 해야 할지 몰라 고민하고 갈등하고 우왕좌왕하다가 그래도 이렇게 겨울방학 겨울 수련회라는 시간을 놓치면 안 되겠다 싶어 그동안 CTS라디오 앱으로 진행하던 라디오 번개탄 사역을 유튜브 번개탄TV로 만들어 화수목금토 5일간 이어지는 유튜브 수련회를 이 주 동안 기획을 하고 현장에 모일 수 없지만, 소수의 사역자들이라도 모여 코로나가 곧 끝날 테니 개학할 때까지만 유튜브로 수련회를 하며 버티어 보자는 마음으로 처음으로 시도해 보는 유튜브 영상 사역을 진행하게 되었답니다.

그런데 놀랍게도 개학을 했는데도 모든 학교에 학생들이 가지 못하고 학생들도 집에서 영상으로 수업해야 하는 초유의 사태들이 생기게 되었고 정말 온 나라가 아니 온 세상이 움직일 수 없고 모일 수 없는 비대면의 시대가 이어지는 공포스런 날들이 시작되었답니다.

결국에는 다음세대에게 복음을 전하는 사명이 있기에 유튜브라도 복음을 전하자는 마음으로 유튜브 부흥회 시즌 1,2,3을 한 달씩 만들어 가며 6월까지 방송을 통해 복음을 전하는 사명을 감당하게 되었고 우리 선교회 모든 스텝들과 함께 최선을 다해 노력을 했습니다.

그렇게 5개월 가까이 최선을 다해 유튜브 번개탄TV를 통해 다음세대에게 복음을 전하는 사명을 감당하다 보니 그동안 모아놓은 모든 재정도 바닥이 났고 소수의 스텝들의 체력도 바닥이 났고 더이상 저희의 힘으로 버틸 수 없는 지경에 이르게 되며 갈등의 시간이 왔답니다.

그때 그렇게 멈출 수밖에 없는 사역이 유튜브 번개탄TV 사역이었는데 모든 스텝들과 함께 금식하며 기도하며 함께 받은 응답은 이제 코로나 시대는 끝나지 않는다. 그러니 이제는 새로운 시대 새로운 방법으로 다음세대에게 복음을 전하는 사명의 길을 걸어가야 함을 깨닫게 되었기에 정말 모든 것을 다시 시작하는 마음으로 번개탄TV를 비영리 법인으로 등록하고 정식 스튜디오를 만들어 본격적인 코로나 시대 다음세대에게 복음을 전하는 사명을 감당하기 시작했습니다. 우리의 영력과 체력과 물질과 인력으로는 언제나 두 달만 버티면 잘한다는 마음으로 살아왔는데 어느새 돌아보니 이년이 넘는 시간을 달려왔고 여전히 유튜브 세상에서 복음 들고 다음세대와 다음세대를 사랑하는 한국교회 성도님들과 함께 마음을 모아가며 열심히 복음 들고 유튜브 세상과 이제는 다시 조금씩 열리는 현장으로 찾아가 복음을 전하는 사명을 감당하고 있습니다.

앞으로도 코로나 시대에 한국교회에서 다음세대 사역의 선물로 받은 유튜브 번개탄TV를 통해 다음세대 한 영혼을 구원하는 사명을 잘 감당하길 소망하며 다음세대를 사랑하는 많은 선후배 동료 사역자들과 함께 힘 모아 복음 들고 주님 앞에 서는 날까지 바르게 걸어갈 수 있길 소망합니다.

#고마운 사람들

지난 27년간 징검다리선교회라는 부족한 선교단체에서 부족한 리더를 만나 다음세대 사역의 현장에서 진짜 자신들의 모든 시간과 열정을 바쳐서 함께 다음세대 사역의 현장을 지켜내 준 고마운 스텝들과 봉사자분들 모두에게 진심으로 고마운 마음을 전합니다.

그동안 부족한 사람을 한국교회에서 다음세대에게 복음을 전하는 복음의 징검다리로 만들어주기 위해 고등학교 때부터 신학교 시절 그리고 초창기 사역과 파산 후에 사역 그리고 다시 지금의 번개탄 사역까지 가능하도록 때마다 날마다 가르쳐주고 도와주신 선배 사역자님들 모두에게 진심으로 고마운 마음을 전합니다.

지금도 불가능할 것 같은 다음세대 사역을 현장과 번개탄TV에 직접 나와주어 유튜브 세상에서 복음 전파를 가능하게 만들어주었던 1,000명이 넘는 선후배 동료 사역자님들과 이 모든 일을 가능하게 만들어준 사랑하는 스텝들 모두에게 진심으로 고마운 마음을 전하며 누구보다도 가장 큰 힘이 되고 든든한 울타리를 만들어주는 번개탄TV 중보방 가족들과 지금까지 모든 사역을 가능하게 이름 없이 빛도 없이 후원해 주시는 후원자분들과 항상 사랑과 응원을 보내주는 구독자와 시청자분들에게도 진심으로 고마운 마음을 전해 봅니다.

지금도 현장에서 누구보다 눈물로 방송을 만들어 가는 현장 스텝들과 매주 디자인과 영상 편집으로 애쓰는 편집팀에게도 감사하며 유일하게 사례 한 푼 받지 못하고 그저 임우현 목사의 아내이기에 조건 없이 이유 없이 묵묵히 함께해주는 아내와 19살 때부터 함께 해주는 제자요 딸이요 동료 간사에게 고마운 마음을 전합니다.

아침마다 큐티로 예배로 묵상으로 변치 않고 영적 도전을 주시는 믿음의 선배님들에게도 감사의 마음을 전하며 그저 오늘도 언제나 시작은 주신 은혜로 달리게 하시고 언제나 마지막은 모든 영광 하나님께로 마무리하게 하시는 우리 하나님께 영원한 감사 영광을 올려드리며 우리 모두 함께 손잡고 주님 앞에 서는 날까지 바르게 기쁘게 감사하게 잘 걸어가 마지막 날 얼싸안고 기뻐 뛰며 춤출 수 있기를 소망합니다.

다음세대에게 복음을!!! 모든 영광 하나님께!!!

PART 2

습관을 바꾸면
미래가 바뀐다

예배의 습관을
바꿉시다

#절대적이고 타협 불가능한, 우리들의 예배시간

어떤 친구들은 예배시간에 약속을 잡고, 예배시간에 학원을 등록합니다. 예배시간에 아르바이트하러 갑니다. 너무 바쁜 세상이라 먹고 살아야 하고, 학원을 안 나가면 성적이 떨어지니 어쩔 수 없다고요.

아닙니다. 그건 예배시간을 무시하는 행동입니다. 요즘은 예배시간을 경홀히 여기는 것을 아무렇지도 않게 생각하는 사람이 많은데, 한 번 타협하기 시작하면 끝이 없습니다.

2010년 광저우 아시안게임 바둑 여자 단체전에서 금메달을 획득한 조혜연 8단의 이야기는 우리에게 큰 감동을 줍니다. 조혜연 8단은 우리나라 여성 프로기사 중 최고의 실력자입니다. 하지만 아시안게임에서 금메달을 딴 후, 많은 사람으로부터 욕을 먹게 됩니다. 아시안게임에 출전했지만, 결승전이 주일이라 페어 게임을 포기했기 때문이죠. 엄청나게 많은 사람들이 그녀를 욕했습니다. 조혜연 8단은 바둑을 시작한 날부터 주일에 열리는 모든 경기는 나가지 않고, 오직 평일에만 바둑을 했습니다. 주일에는 예배를 드려야 되기 때문에 아무리 많은 상금이 걸려도 경기를 포기했는데, 아시안게임으로 그 사실이 알려지자 많은 안티들이 조롱하고 욕을 퍼부었습니다. 너무 심하게 욕을 하니까 조혜연 8단이 한 편의 글을 남겼습니다. 자신의 인생에 주일 예배보다 귀한 것은 아무것도 없다고. 투철한 종교적 신념이 있는 것이 아니지만 오직 주님을 사랑하기 원하는 것뿐이라고.

예배시간인 거 뻔히 알면서 약속 잡지 마십시오. 잡힌 약속 있으면 취소하십시오. 그리고 당당하게 말하십시오. 나 그 시간에 예배드리러 가야 돼. 예배는 절대적입니다. 주님을 사랑한다면 그 무엇과도 타협하지 마세요.

#예배의 시작은 눈을 뜬 순간부터~

예배는 집을 나오는 순간, 아니 아침에 눈을 뜬 순간부터 시작입니다. 아침에 엄마가 깨우니까 억지로 나와서, 성전에 조금이라도 늦게 들어가려고 미적거리며 오는 사람은 제대로 예배를 드릴 수가 없습니다.

예배는 준비하는 순간부터 시작됩니다. 연애하는 사람들은 데이트 장소에서 만나서 밥을 먹고 대화 나누는 그 시간이 데이트 시간이 아니라 그 사람을 만나기 전에 꾸미는 머리 스타일, 입을 옷, 어떤 대화를 할까. 이미 그 설렘과 기대감만으로도 너무나 행복해합니다.

그런데 일주일에 겨우 한 번, 주님을 만나러 가는데 아무런 기대도 설렘도 없습니다. 부모가 깨워서 억지로 일어나고 터덜터덜 나와서 아무 생각 없이 오는 사람들은 예배를 준비하는 마음이 전혀 없어요.

예배는 교회 도착해서 준비하는 게 아닙니다. 교회 오기 전부터 사모하는 마음과 깔끔한 옷차림, 예물을 미리 준비하세요. 예물은 하나님께 드리는 작은 선물입니다. 사랑하는 사람에게 정성껏 준비한 선물을 주는 것이 기쁨이듯 우리의 예물에도 그런 마음이 담겨야 하나님이 받으세요. 하나님께서는 금액의 많고 적음이 중요한 것이 아니라 예물에 담긴 감사드리는 마음, 사모하는 마음을 기뻐하십니다.

하나님을 사모하는 마음, 예배를 사모하는 마음, 말씀을 사모하는 마음, 예배는 아침에 눈을 뜬 순간부터 이미 시작됩니다.

#고개 숙이지 말고, 시선집중!

아이돌 가수들이 노래할 때 팬들이 "오빠! 꺅!" 크게 소리를 지릅니다. 어른들이 볼 때는 별것도 아닌데 환호성을 지르며 난리가 납니다. 자기가 좋아하는 가수에게 시선이 집중되어 있으니 손짓 하나, 윙크 한 번이 다 보입니다. 손만 살짝 들어줘도 그 가수는 그냥 흔든 건데 자기한테 흔든 것 같이 느껴요. 시선을 집중하면 더 많이 볼 수 있고, 더 많이 느낄 수 있고, 더 많이 알 수 있습니다.

예배시간에도 시선을 고정시켜야 은혜를 받습니다. 예배시간에 고개 숙인 사람들, 고개 드세요! 조는 사람들, 정신 차리세요! 휴대폰으로 게임을 하는 사람들, 당장 끄세요! 구약 시대 때는 예배 잘못 드리는 사람은 그자리에서 죽이셨습니다.

예배는 생명입니다. 제발 예배시간에는 목사님께 시선 집중하세요. 목사님께 시선을 집중하면 말씀이 내 가슴으로 막 밀려들어 와요. 목사님이 나만 쳐다보시는 것 같아요. 말씀이 몽땅 내 것이에요. 말씀을 들을 때 은혜 받는 사람들은 아이들이 만화영화 볼 때 빨려 들어가는 것처럼 막 빨려 들어갑니다. 은혜의 시작은 시선집중. 시선집중으로 오늘 예배의 은혜 다 가져가세요.

#완소 예배로 마음 채우기

북한 사람들은 어머니를 '오마니'라고 부릅니다. 아이가 태어나서 걸을 때까지 엄마의 손길이 오만 번 필요하기 때문에 '오마니'라는 단어가 생겨났다고 합니다. 그렇게 정성 들여서 사랑으로 아이를 키워야지만 건강하게 잘 자라는데, 요즘에는 사는게 바쁘니까 엄마의 손길이 오만 번이 아닌 이만 번, 만 번으로 줄어들었습니다. 그러니까 엄마의 손길이 아빠의 사랑이 부족한 아이들이 결국은 게임, 음란, 술, 담배로 공허한 마음을 채웁니다.

우리도 하나님과의 관계에서 채워야 할 예배의 분량, 은혜의 분량이 있는데 제대로 못 채우게 되면 결국은 세상으로 가게 됩니다. 그래서 예수 믿는 대학생들이 음란물 많이 봅니다. 예수 믿는 대학생들이 술, 담배 많이 하고, 예수 믿는 청소년들이 게임 많이 합니다. 예배로 은혜의 분량을 못 채우니 악한 것으로 채우게 되고 결국은 죄악에 마음을 빼앗깁니다.

반드시 예배시간 먼저. 원래 예배는 수, 금, 토, 주일 예배 드려야 됩니다. 수요 예배, 금요 예배, 토요 청년 예배, 주일 낮 저녁 예배는 선택이 아닌 필수입니다. 우리나라 젊은이들이 의무적으로 군대에 가야 하는 것처럼 의무 사항입니다. 유별나다고 말하는데, 사랑하면 원래 유별나게 되어 있습니다. 사랑 안 하거나, 사랑 덜하니까 유별나지 않은 겁니다.

우리는 예배를 하찮게 생각해서 자꾸 주님을 울립니다. 예배에서 만나는 하나님의 소중함을 무시할 때가 많습니다. 교회 가자고 말 못 하는 건 솔직히 예배가 나에게 소중하지 않기 때문입니다. 우리 하나님이 소중하고, 우리 교회가 소중하고, 우리 예배가 소중하면, 전도하라고 해서 하는 게 아니라 하지 않는 게 이상한 일이에요. 너무 소중하니까. 만나는 사람마다 같이 예배드리자고 이야기하고 싶어집니다. 그래서 만 명이 모이는 교회보다 열 명이 모여도 그 예배를 사랑하는 사람들이 있는 교회가 영향력이 있습니다.

하나님은 물고기와 떡 먹은 이만 명을 데리고 역사를 일으키지 않으시고, 예수님을 사랑하고 말씀을 사랑하고 하나님과의 만남을 소중하게 생각하는 열두 제자를 통해 초대교회를 이루셨습니다. 대한민국 교회는 천 명 나온다. 이천 명 나온다. 만 명 나온다. 자랑하고 있지만 그건 중요하지 않습니다. 하나님 앞에서 예배드림을 소중하게 생각하는 진짜 성도가 됩시다.

#우리의 사명은 예배!

여러분은 왜 살아요? 저는 예배드리려고 삽니다. 살기 위해 예배드리는
사람의 삶과 예배드리기 위해 사는 사람의 삶은 차원이 다릅니다. 하나
님은 우리를 영광 받기 위해서 만드셨습니다. 하나님이 우리를 통해 영
광 받으시는 시간이 예배시간이고, 하나님이 우리에게 제일 받고 싶으신
것이 예배입니다. 하나님이 우리를 지으신 목적대로 살려면 예배를 잘 드
려야 됩니다.

　　그래서 이스라엘 백성들은 시작도 예배, 끝도 예배, 무엇을 진행할 때
마다 예배를 드립니다. 예수님을 믿는 우리들의 사명은 예배입니다. 시간

이 나서 예배드리는 것이 아니라 예배드릴 시간만 기다리며 예배를 위해 사는 게 우리들의 삶이에요. 우리나라의 폭발적인 부흥은 언제 일어났냐. 매일 새벽 예배드릴 때, 매주 철야 예배 드릴 때 일어났습니다. 부흥회도 새벽, 오전, 오후, 저녁 하루 네 번 예배드리며 일주일 내내. 이렇게 예배에 미쳐 살 때는 한국교회가 부흥했습니다.

그런데 이제 부흥회를 해도 저녁만, 새벽 예배는 대다수가 안 나오고, 수요 기도회는 권사님들만 나오시고, 주일 오후 예배는 안 나와도 되는 예배가 되니까 한국교회가 점점 힘이 없어지고 있습니다. 우리는 예배드리기 위해 사는 사람이라는 것을 잊지 말고 예배드리러 갑시다.

저는 1년에 600번 이상 예배를 드립니다. 1월, 7월, 8월에는 한 달에 80번 가까이 예배를 드리는데, 매일 예배를 드려도 매일 좋습니다. 매일 신나고, 매일 감격입니다. 왜? 예배드리려고 사니까. 우리의 사명은 예배입니다. 사명이 나를 살립니다. 사람을 잃으면 그 사람만 잃어버리지만, 하나님을 잃어버리고 예배를 잃어버리면 삶의 모든 것을 잃어버립니다.

기도의 습관을
바꿉시다

#거룩한 노동으로 스마트하게 투자하라

기도할 때 힘들어요? 안 들어요?

힘듭니다. 기도가 왜 힘든지 생각해봤어요? 기도는 노동입니다. 일명 거룩한 노동. 일하는 사람이 일을 멈추면 공장이 돌아갈 수 없듯이, 밥하는 사람이 밥을 안 하면 음식을 먹을 수 없듯이, 우리가 기도를 안 하면 영적으로 쭉쭉 밀리게 됩니다.

그래서 사무엘 선지자는 노년이 되어서도 너희를 위하여 기도를 쉬는 죄를 여호와 앞에 결단코 범치 않겠다고 이스라엘 백성들 앞에서 약속했습니다. 우리도 열심히 기도해서 하나님 앞에 기도의 노동 시간, 기도의 분량을 채워야만 따끈따끈한 기도의 열매를 나을 수 있다는 사실!

스마트시대라 그런지 모두들 너무 똑똑합니다. 훌륭한 목사님들 설교도 많이 듣고, 책도 엄청나게 많이 읽고, 대학 대학원 나온 사람들도 많습니다. 그런데 기도는 5분도 못하는 사람들이 부지기수입니다. 들은 것이 많고 배운 것도 많아서 너무 잘 알고 있습니다. 그런데 못합니다. 기도를 안 해봤으니까 눈물이 없고 무릎이 없고 부르짖음이 없어요. 머리만 가져서 머리로 아는 거로만 끝나는 시시한 인생을 살아요.

재료는 최고급으로 다 사다 놓고 요리를 못 합니다. 재료만 좋아요. 좋은 재료를 다듬고 자르고 끓이고 볶아서 내 음식으로 만들어서 맛있게 드셔야 합니다. 아무리 좋은 고기라도, 아무리 귀한 양념이라도 그냥 먹으면 맛이 없잖아요. 기도로 정성껏 요리하셔야 됩니다. 아닌 건 잘라내고 먹을 건 잘 조리해서 맛도 좋고, 모양도 좋고, 몸에도 좋게 해서 드세요. 열심히 기도하고 충성하면 하나님이 최상으로 요리해주신다니까요.

기도할 때는 무릎을 꿇자! 오늘부터 당장 무조건. 요즘은 무릎 꿇는 시간을 너무 힘들어합니다. 불편하고 힘들다고 투덜거립니다. 비싼 바지 입으면 무릎 나올까 봐 못 합니다. 바지 값보다도 꿇은 무릎이 훨씬 더 소중한데. 우리는 의자를 너무 좋아해요. 엘리 제사장은 한나가 기도할 때 의자에 앉아 있었고, 나중에 자기 아들이 죽었을 때도 의자에 앉아 있다가 넘어져서 목이 부러져 죽습니다. 의자 너무 좋아하지 맙시다. 저는 수련회든 집회든 무릎을 꿇을 수 있는 맨바닥을 제일 좋아합니다. 기도할 때만큼은 무엇보다 무릎을 꿇어야 합니다.

기도에 관한 책을 백 번을 읽는 것보다 한 번 무릎 꿇는 게 더 중요합니다. 책을 백 권 읽으면 뭐 해요. 무릎을 안 꿇는데. 내가 무릎을 꿇어야 됩니다. 엄마들이 가정에서 무릎을 꿇는 시간, 성도들이 교회에서 꿇는 무릎의 시간. 그 시간이 가정을 살리고, 교회를 살립니다. 어디서든 무릎 꿇고 기도할 수 있는 마음을 가진 사람은 하나님의 은총을 구할 수 있는 사람입니다. 기도의 영향력은 하나님 앞에서 무릎 꿇은 바로 그 사람으로부터 시작됩니다.

#회개 기도로 내 영혼을 깨끗하게

기도의 시작은 회개기도입니다. 아무리 나라와 민족, 세계 열방을 품고 기도해도 내 안에 죄가 그대로 살아 있으면 아무것도 아닙니다. 사도 바울은 모든 것을 바쳐 충성한 완벽한 삶을 살았지만 그의 삶은 날마다 죽노라고 고백합니다. 나의 죄악을 죽이고, 자아를 죽이는 고백이 회개기도입니다. 나를 부인하고 하나님만 맞다고 인정하고 따라가는 삶.

　요즘은 축복송을 좋아하지 회개 찬송이나 십자가 찬송은 별로 좋아하지 않습니다. 그러나 회개는 안 하고, 십자가는 없고, 오직 축복만 강조한다면 그것은 어리석은 신앙입니다. 기도의 습관에서 내 안의 회개 기도는 반드시 하셔야 합니다. 진정한 이 민족의 부흥은 나의 회개로부터 시작됩니다. 나의 회개가 부흥입니다. 100년 전 평양 대부흥도 단 한 명의 회개로 시작되었습니다. 목회자의 회개, 교사의 회개, 임원의 회개, 부모의 회개가 부흥의 시작점, 모든 닫힌 문을 열 수 있는 만능열쇠입니다. 내가 잘못했습니다. 내가 부족합니다. 내가 실수했습니다. 다니엘처럼 느헤미야처럼 철저하게 회개하고 간구하면 하나님이 역사하십니다. 여러분의 철저한 회개 기도로 우리 가운데 부흥의 불길이 일어날 그날을 기대합니다.

#하나님이 영광 받으시는 기도제목

사무엘의 어머니 한나는 김연아 엄마처럼 그 시대에 대단히 유명한 슈퍼맘이었습니다. 한나는 대선지자의 어머니다운 멋진 기도를 드려서 멋있는 하나님의 일꾼을 낳을 수 있었습니다.

많은 분들이 한나의 기도를 자녀를 낳게 해달라는 기도로 생각하시는데 사실은 한나가 자녀 낳게 해달라고 기도한 게 아닙니다. 400년 동안 지도자가 없던 사사시대에 하나님의 일꾼 낳고 싶다고, 하나님 영광을 위해서 이 민족의 어려움을 위해서 일꾼 낳고 싶으니까 나를 쓰시라고 기도하거든요. 한나도 쉬운 상황은 아니었어요. 브닌나라는 다른 부인이 분노하게 하고, 제사장 엘리는 열심히 기도하는 한나에게 술주정한다고 오해하고, 남편은 자식이 없어도 괜찮다고 사랑해주지만 어렵고 힘든 상황에서도 하나님의 일꾼 낳게 해달라고 계속 기도했습니다. 아들 낳게 해달라고 기도한 게 아니라 일꾼, 이스라엘을 하나님께로 가게 만드는 기도의 일꾼을 원했습니다.

기도제목을 생각할 때 하나님 저를 통해 영광 받으시고, 우리가 하는 일들이 하나님 영광 받으시기를 기도하면 여러분이 하는 모든 일은 하나님이 영광 받으시는 일이 됩니다. 기도 제목을 정할 때는 꼭 하나님의 영광을 먼저 생각합시다!

#기도하면 돼? 돼! 믿고 기도하자

기도하면 돼? 돼! 바로 대답이 나와야 하는데. 많은 사람들이 한 번쯤 생각하게 됩니다. 기도하면 될까? 기도한다고 다 돼? 진짜? 사실 우리가 기도를 잘 못 믿습니다.

요즘 신경성 질병이나 스트레스가 많은데 기도하고 믿는다면 크게 신경 쓸 일이 없습니다. 기도하면 두 다리 쭉 뻗고 잘 수 있으니까. 우리는 기도하기 때문에 그냥 믿으면 됩니다. 된다고 믿고, 안되면 주님의 뜻이니 툭툭 털고 잊어버리고 다시 시작할 수 있습니다.

학생들이 성적이 떨어지면 상담할 때 '하나님이 나를 버리셨나 봐요.', '하나님은 나를 돕지 않아요.', '하나님은 다른 애만 좋아해요.'라고 많이 이야기합니다. 그런데 성적이 뚝 떨어진 것도 하나님의 응답입니다. 공부 안 했으니까. 내 맘대로 살았으니까. 성적이 뚝 떨어져 봐야 정신 차리고 열심히 공부하라고 떨어지게 하십니다. 기도 응답은 내가 원하는 대로가 아니라 하나님이 원하는 대로! 안되는게 기도응답일 수도 있습니다.

독수리가 새끼를 낳으면 위로 올라가서 뚝 떨어뜨립니다. 그 연습을 통해 독수리는 자유롭게 날 수 있는 새가 됩니다. 학교 앞에서 파는 병아리는 애들이 만지작거리다가 금방 죽지만, 높은 곳에서 떨어뜨려서 날아오르는 것을 연습시킨 독수리는 절대 쉽게 죽지 않습니다.

#힘들 때는 주여 삼창!

테니스 선수 샤라포바가 경기할 때 매번 이기는 이유가 있다고 합니다. 비밀은 바로 힘찬 기합소리! 심지어 상대방 선수가 심판들에게 소리 좀 못 지르게 해달라고 항의한 적도 있었습니다. 우리가 마귀를 쫓는 방법 중에 가장 좋은 방법이 바로 '주여 삼창'입니다. 주님 앞에 자신 있게 "주여!"만 크게 외쳐도 마귀가 움찔움찔 놀라는데 목소리가 앵앵거리면 '쟤는 어디 아프구나.' 공격합니다. 그러니까 자신 있게, 기도의 자신감 '주여 삼창'입니다. 안 믿고 중얼중얼하는 기도 십 분보다 주여 삼창 세 번 하는 게 더 능력 있습니다.

지금은 통성기도를 해야 되는 시대입니다. 한국교회가 힘든 시기고, 개인의 삶에도 엄청난 어려움이 있습니다. 이혼율, 자살률이 세계 최고입니다. 가정도 학교도 나라도 다 갈 데까지 갔습니다. 이럴 때 통성기도 안 하고 침묵기도 하면 하나님이 어떻게 도우시겠습니까?

이스라엘 백성은 죽게 되면 무조건 통성기도를 합니다. 다윗 왕부터 나라의 어려움, 민족의 어려움, 개인의 어려움이 생기면 무조건 머리에 재를 뿌립니다. 옷을 다 찢어버립니다. 다른 사람을 의식하지 않습니다. 죄를 숨기려고 하면 안 되고 살려달라고 정직하게 기도해야 합니다.

아플 때 병원에 가서 의사 선생님께서 "어디 아프세요?" 물으시는데, "알아 맞춰보세요."그러면 안 됩니다. 어디가 아프다고 말을 해야 의사 선생님이 처방을 해 주실 수 있습니다. 하나님께도 어디가 아프다고 힘들다고 말씀드리세요.

'하나님 공부 때문에 힘들어요.', '하나님께 영광 돌리고 싶은데 안 되네요. 지혜를 주세요.', '우리 부모님이 이혼하신다고 해요. 이혼하지 않았으면 좋겠는데. 방법이 없어요. 도와주세요.' 인정하고 매달리세요. 무릎으로 눈물로 사정하세요. 부르짖는 통성기도로 더 사정하세요. 더 사정하면 반드시 고쳐 주십니다.

#마무리 기도는 필수, 모든 영광 하나님께!

우리는 어디를 가든 가장 먼저 시작기도를 합니다. 시작기도는 꼭 하는데 마침기도는 잊어버릴 때가 많습니다. 마침기도 할 때도 '잘 끝나서 감사합니다'는 잘하는데, 하나님께 영광을 돌리는 기도는 생각을 못 합니다.

반드시 기억하세요. 마지막에는 언제나 모든 영광 하나님께! 승리의 영광은 언제나 주님께 드려야 하는데 우리가 잊어버립니다. 돈을 좀 벌면 그 돈 갖고 내가 막 쓰게 됩니다. 십일조 감사헌금 드리는 것도 잊어버리고 막 씁니다. 지혜를 주셔서 성적이 올라가면 '내가 열심히 했으니까.' 그 영광을 자기가 싹 가져가 버립니다. 잘되면 하나님 생각이 안 납니다.

마귀가 다 막아버립니다. 마귀는 영광을 자기에게 돌립니다. 네가 먹을 떡을 만들어라. 높은 데 올라가서 네가 명예를 받아라. 네가 잘하는 거야. 네가 다한 거야. 너 아니면 못해. 마귀는 예수님을 유혹했던 것처럼 우리를 유혹합니다. 이런 유혹에 빠지지 않으려면 언제나 마지막에는 이렇게 된 건 주님께 영광입니다.

기도하는 것을 반드시 기억해야 합니다. 그리고 주님은 저에게 무엇을 원하세요? 다 드릴게요. 성적이 많이 올랐어요. 너무 감사해요. 제가 이런 성적이 나올 사람이 아니거든요. 하나님이 하셨어요. 이런 '모든 영광 하나님께!'가 빠져서는 기도의 마무리가 되지 않습니다. 영광의 시상식은 하나님께 드려야 합니다. 항상 '모든 영광 하나님께!'

저희 교회는 떡볶이를 사줘도, 칭찬해 줘도, 어릴 때부터 '모든 영광 하나님께!'를 교육합니다. 이게 습관이 되면 내가 영광을 가져가지 않습니다. 잘못했어도 영광은 하나님이 받으셨으니까 하나님이 책임지십니다.

찬양의 습관을
바꿉시다

#찬양이 언제나 넘치면

기분 좋은 날에는 콧노래가 저절로 흥얼거려지고, 기뻐하는 사람들은 찬
양이 빵빵 터집니다. 진짜 찬양을 부르는 것은 기뻐하는 사람만이 할 수
있습니다. 힘들고 괴롭더라도 찬양을 할 때는 신나고 즐겁게! 우리에게는
그 슬픔을 기쁨으로 역전시키시는 하나님이 계시니까요.

　이 땅에서 살 때는 기도하고 말씀 듣는 일을 제일 많이 해야 되고, 우
리가 저 하늘에 가면 기도는 할 필요 없을 것 같고, 말씀은 주님이 직접 하
실 것 같고, 그럼 천국에서 가장 많이 하게 되는 일이 찬양이 아닐까요?

　지금 이 땅에서 찬양을 많이 한다는 것이 바로 천국 생활을 하는 것입
니다. 우리 청소년들은 찬양을 잘 못하는 친구들이 너무 많습니다. 자주

부르고 들으니까 쉽게 생각하는 사람도 많고. 그러나! 찬양의 습관만 바뀌어도 미래가 바뀝니다.

우리 교회 찬양의 표정을 생각해봅시다. 즐겁고 신나게 찬양하는 친구들도 보이고, 찬양팀 친구들은 열심히 찬양하는데, 멀뚱멀뚱하게 서서 구경하는 친구들도 보이고, 저기 뒷자리 친구들은 고개 푹 숙이고 뭐하는 거죠? 혹시 찬양시간에 문자질하나요? 찬양할 때 작은 목소리로 하는 친구들, 우리 하나님이 자신 없다는 것이고. 찬양할 때 인상 쓰는 친구들, 마귀를 기쁘게 하는 행동입니다. 찬양할 때 자리에 앉아 있는 친구들, 박수를 치지 않는 친구들은 아직 내 기분이 찬양할 기분이 아니라고 표현하는 겁니다. 찬양은 마음의 표현입니다. 노래 잘하는 가수가 부르는 찬양보다 노래를 못하는 사람이 불러도 진심으로 부르는 찬양이 훨씬 은혜로운 것처럼 마음이 담길 때 하나님이 기쁘게 받으십니다. 그럼 어떻게 하면 신나게 찬양할 수 있을까요?

#박수와 함성은 기본, 자신 있게 진심으로

다윗처럼 춤추며 찬양하자고 찬양시간마다 매번 외치지만 그 정도는 바라지도 않습니다. 박수라도 잘 쳤으면 좋겠고, 찬양을 크고 힘차게 불러 줬으면 좋겠습니다. 신나고 경쾌한 노래를 무표정한 얼굴로 박수 없이 부른다고 생각해보세요. 이건 노래에 대한 모독입니다. 찬양 가사가 기쁨으로 하나님을 높이고 축제를 벌이는 잔치인데, 박수 치라고 부탁하고, 시키니까 마지못해 치는 박수. 그건 아닙니다. 하나님 앞에서 찬양할 때는 언제나 감사의 박수, 우렁찬 함성, 그리고 뜨거운 눈물. 찬양은 감격입니다.

　노래는 듣는 것이지만 보는 것이기도 합니다. 박수치는 모습과 함성의 얼굴, 표정을 보며 와! 저 사람이 기쁜 노래를 부르고 있구나, 슬픈 노래를 부르고 있구나, 알 수 있는데, 무표정한 얼굴이면 찬양을 부르는 사람들이 찬송을 부르는 건지, 안 부르는 건지 알 수가 없습니다. 박수와 함성을 기본으로 힘차게 영광 돌리는 것이 바로 찬양의 시작입니다.

　찬양을 잘하는 사람들은 자신 있게 표현합니다. 손을 들 때도 과감하게 제일 높이 들고, 나의 하나님이 완전히 믿어지니까 하나님! 예수님! 크게 외치게 됩니다.

　찬양은 주님께 드리는 것이니 최선을 다해서 선포하며 찬양하세요. 그리고 더 중요한 건 마음으로 찬양하기. 성악가가 찬양을 잘 부르는 거 아니고, 유명 가수가 찬양 잘 부르는 거 아닙니다. 누가 제일 잘 부르냐. 바로 당신입니다. 하나님이 가장 듣고 싶은 찬송은 유명 연예인, 유명 성악가의 찬송이 아니라 당신의 찬송입니다. 너의 노래, 너의 찬송을 나에게 주거라. 내가 너의 찬송을 받는다. 너의 마음으로 나에게 찬송을 주거라. 말씀하십니다. 이제부터는 내 마음, 내 목소리, 나의 모든 것을 주님께 드린다는 마음으로, 진심으로 찬양합시다.

#하나 둘, 하나 둘, 찬양의 스트레칭!

은혜 받고 싶은데, 찬양하고 싶은데 아무 생각 없이, 준비 없이 오면 은혜 받기 어렵습니다. 생각해보세요. 찬양하고 싶은데 죄다 모르는 찬양이면 힘들고 어색하지 않겠어요? 그러니까 우리는 찬양의 준비 체조를 해야합니다. 축구 선수는 90분을 뛰기 위해 매일 달리지 않습니까. 마라톤 선수도 한 시간 반 두 시간 뛰려고 일 년 내내 뜁니다.

우리도 평상시에 미리 살살 찬양을 듣고 다녀야 합니다. 찬양을 은혜롭게 하는 사람의 특징은 바로 날마다 찬양과 동행하는 삶입니다. 휴대폰 벨소리나 컬러링이 가요인 사람들에게 늘 말합니다. 지금 죄짓고 있는 거라고. 남들이 통화 기다리는 10초 20초 동안 가요를 듣게 하니까. 집사님들이 이렇게 말씀하십니다. 원래 그런 거라고. 그러면 차라리 누구한테 시켜서 바꾸시라고 합니다. 10초 동안 찬양을 듣게 만들어야지 가요를 듣게 만드냐고.

평상시 듣는 음악이 중요합니다. MP3, 휴대폰 벨소리, 특히 싸이 배경 음악 받을 때 늘 기억하세요. 내가 받은 게 가요가 많은지, 찬양이 많은지에 따라서 이 사람의 미래가 천국에서 기뻐할 사람이냐 지옥에 갈 사람이냐 정해진다는 사실을.

가요를 너무 극단적으로 말하는 게 아닙니다. 좋은 노래가 있으면 들어야 하지만 우리의 기본 생활은 언제나 찬양과 함께! 그동안 가요를 많이 들었다면 바로 고칩시다. 아직도 가요를 듣고 있는 친구들이 있다고요? 지금 가요 듣는 친구들에게 설사, 장염, 아토피의 3중 축복을 기도드리겠습니다.

#정직한 찬양으로

사랑 노래는 누가 잘 부를까요? 지금 사랑하고 있는 사람. 이별 노래가 아픈 사람은 지난달에 헤어진 사람. 우리는 감정에 따라 노래를 부릅니다. 우리의 찬양은 하나님께 드리는 것인데 하나님이 싫어하시는 행동을 하면 하나님 앞에서 정직하게 찬양을 못 합니다.

엄마 지갑에서 돈을 훔쳤다고 생각해보세요. 그러면 엄마하고 눈을 마주칠 수 없습니다. 찬양은 정직해야 됩니다. 하나님이 싫어하시는 짓을 했어요. 그러면 찬양하기 전에 그 문제를 해결해야 합니다. 낮에 누구랑 싸웠으면 찬양을 부르기 전에 회개하세요. 문자를 보내고, 쪽지를 쓰세요. 어떤 친구들은 교회에서 찬양할 때 내가 싫어하는 애가 앞에서 인도하면 찬양 못 하거든요. 그 마음을 먼저 회개하세요. 미워하는 마음이 있으면 찬양이 되지 않습니다. 하나님은 우리의 정직한 찬양을 받으십니다. 회개하고 정직하게, 그리고 매일 신나게 찬양하는 행복 짱! 됩시다.

#십자가 찬송과 보혈 찬송

기도할 때 회개기도가 제일 중요하다면, 찬송할 때도 십자가의 찬송, 보혈 찬송의 중요성을 아셔야 합니다. 요즘 들어 십자가 찬송을 많이 부르지 않습니다. 보혈에 대한 찬송도 예전보다 적게 부르는 것 같습니다. 십자가 찬송이나 보혈 찬송은 경쾌하지 않고 무겁고 심각하니까.

하지만 기독교에서, 믿음에서, 복음에서 십자가와 보혈이 빠지면 아무것도 남지 않습니다. 우리는 갈보리 십자가와 보혈을 생각하는 찬송이 내 삶의 근본에 들어갈 수 있도록 노력해야 합니다. 저희 교회에서 예배드릴 때 마지막에는 항상 보혈 찬송으로 끝냅니다. 매일 예배 때마다 예수님의 보혈을 생각하고 십자가를 생각하며 예배를 마무리합니다. 여러분도 찬양을 부르거나 들을 때, 우리에게 가장 중요한 십자가 사랑을 잊지 마시고, 매일 그 사랑을 전하며 살아가시기를 소망합니다.

말씀의 습관을
바꿉시다

#응답의 비결은 바로 말씀!

말씀이 중요한 이유는 말씀에 하나님의 응답이 있기 때문입니다. 우리는 매일 기도하고 응답을 기다립니다. 기도응답을 어떻게 아냐면 말씀을 알고 있으면 기도 응답을 받은 거고, 모르는 사람은 못 받은 것입니다.

민음의 조상 아브라함을 생각해보세요. 창세기에서 아브라함의 하인과 롯의 하인이 다투게 됩니다. 그때 아브라함이 롯에게 말합니다. 네가 우하면 나는 좌하고, 네가 좌하면 나는 우하겠다. 아브라함은 롯에게 더 좋은 것을 줍니다. 그 마음. 그게 가능한 이유가 뭐냐. 아브라함에게 하나님께서 본토 친척 아비 집을 떠나라고 말씀하셨습니다.

그런데 아브라함이 본토를 떠났어요? 안 떠났어요? 떠났습니다. 친척을 떠났어요? 안 떠났어요? 안 떠났습니다. 본토는 떠났는데 친척은 안 떠났습니다. 본토를 떠날 때 친척인 롯을 데리고 간 것 때문에 결국 롯이랑 싸움이 났습니다. 하지만 아브라함은 말씀을 정확하게 아니까 싸움이 났을 때 자기가 징계하거나 자기가 처리하지 않고 말씀에 순종해서 롯을 떠나보냅니다. 그제야 다시 하나님의 약속, 응답을 받습니다.

살아가다 보면 어려움이 많이 생깁니다. 문제가 생기고 사건이 터지면 말씀을 듣거나 읽으며 하나님의 마음을 생각해야 합니다. 성적이 뚝 떨어져요. 부모님이 싸우시고, 우리 아빠 회사가 부도가 났어요. 여러 가지 어려움이 생길 때 '나는 재수 없어 되는 일이 없어' 한탄하는 사람은 말씀을 모르는 사람입니다. 말씀을 아는 사람은 고난과 역경을 통해 하나님의 뜻을 깨닫고, 새 힘을 얻습니다. 말씀을 더 사모하세요. 말씀을 믿고 순종하면, 어떤 위기도 이길 수 있습니다.

#배부르게 영양가 있게, 그러나 편식은 금물

밥심이라는 말도 있잖아요. 밥을 먹을 때 배부르게 든든하게 먹어야 힘이 나는 것처럼 말씀도 배부르게 먹어야 영혼의 배가 두둑해집니다. 요즘엔 일주일에 한 번 교회 와서 20분에서 30분 정도 말씀 듣고, 말씀을 한 번도 듣지 않는 사람들이 많습니다. 만족이 될 때까지 말씀을 먹어야 살아갈 힘을 얻는데 예배시간에 조금 이해될 만하면 끝나고, 이해될 만하면 끝나고 그러니 말씀에 대한 허기가 있는 성도들이 많습니다.

밤늦게라도 배고프면 밥통 열어서, 냉장고 열어서 남은 밥, 남은 반찬

쓱쓱 비벼서 알아서 챙겨 드시잖아요. 말씀도 꼭 챙겨서 배부르게 드십시오. 월화수목금토주일 하루 한 번 말씀 챙겨 들으시고 읽으시고, 교회에서 성경공부 있을 때는 가서 목사님 전도사님께 자세히 배우세요. 많은 사람들이 말씀의 기아 상태로 사는 게 습관이 되어 버렸는데 말씀도 기본적인 정량을 나눠줘야 영혼의 건강이 유지될 수 있습니다.

아무리 음식을 많이 먹어도 인스턴트 식품만 먹으면 피부도 안 좋아지고 소화도 안 되고 건강이 나빠집니다. 균형 있는 식사를 하려면 5대 영양소를 골고루 먹고, 비타민, 칼슘, 철분처럼 꼭 필요한 성분을 먹어줘야 하는 것처럼 말씀도 영양가 있는 말씀은 꼭 챙겨 드시는 게 좋아요.

요즘 한국 성도들은 축복에 대한 메시지 좋아하고, 비전에 대한 메시지 좋아하고, 꿈에 대한 메시지만 너무 좋아합니다. 그런데 기독교인들에게 가장 중요한 말씀이 뭐라고 생각하세요? 십자가, 구원, 영혼, 사명. 이런 중요한 주제에 대한 말씀은 절대 놓치시면 안 됩니다. 비타민이나 칼슘은 일부러 챙겨 먹잖아요. 그러니 우리도 십자가에 대한 말씀, 영혼 구원과 사명에 대한 말씀이 바로 영양가 있는 진국 말씀임을 기억하셔야 합니다.

저 목사님 설교는 정말 내 스타일 아니야. 나는 저 목사님 설교 못 듣겠어. 성도들이 이런 말을 무심결에 하는데 그런 말 함부로 하시면 안 됩니다. 하나님의 말씀은 내가 듣고 싶은 것을 듣는 것이 아니라 하나님이 하시는 음성으로 내 말씀으로 들어야 합니다. 제일 못난 성도가 누군 줄 아세요? 설교 들으면서 이 말씀은 누구한테 하는 말씀이야. 이 말씀은 누가 들어야 돼. 판단하고 있는 사람이에요. 그 판단이 맞을 수도 있지만, 그 말씀을 다른 사람이 들어야 하는 것으로 판단하고 있을 때, 판단하는 그 영혼은 이미 죽어가고 있는 것입니다.

선포된 말씀을 내 말씀으로 그대로 받아들일 때 하나님은 그 말씀에서 나에게 살이 되고 피가 되는 생명의 말씀을 주십니다. 아이스크림도 아니고 골라먹는 재미가 있다. 설교 들을 때 내 맘대로 골라 듣고, 내 기준으로 판단하며 듣는 건 아주 못된 습관입니다. 이런 습관이 있었다면 얼른 회개하세요. 하나님 앞에 두 손 들고 항복하세요. 말씀에 순복하면 하나님이 책임지십니다.

#성경공부는 나의 힘

공부하라면 무조건 싫어요. 하지 마시고, 꼭 하셔야 하는 공부는 하셔야 합니다. 아담의 부인이 누구인지 모르고, 에스더가 남자인지 여자인지 모르면 어떻게 합니까? 그런 교인들 많이 봤습니다. 기본적으로 교회 성경공부를 해야 합니다. 요즘에는 주일 예배 마치고 2부 성경공부 안 하고 가는 사람도 너무 많고, 행사 때문에 건너뛸 때도 많고, 선생님들도 정답 위주로 간단하게 진행하시는 경우가 많아요. 하지만 기본을 제대로 알아야 성장이 있습니다.

성경공부가 어려울 수도 있습니다. 특히 매일 공부하느라 힘든 청소년들에게는 주일까지 공부하라니 지겨운 것도 이해가 됩니다. 하지만 성경공부도 가르치는 사람에 따라 달라질 수 있습니다. 학교에서 보면 어떤 친구는 영어를 좋아하고, 어떤 친구는 수학을 좋아합니다. 영어 선생님이 재미있게 잘 가르쳐주시면 영어를 좋아하게 되고, 수학 선생님이 유쾌 상쾌 통쾌하게 가르쳐주시면 수학이 막 재미있어집니다. 그러다 보면 자연스럽게 영어를 잘하게 되고, 수학을 잘하게 됩니다.

우리가 교회를 잘 만나야 된다는게 나를 가르쳐줄 수 있는 성경교사, 목사님, 전도사님을 만나야 되기 때문입니다. 스승과의 만남에 대해서는 꼭 기도하십시오. 이사를 하거나 부득이하게 교회를 옮겨야 할 때도 꼭 말씀을 듣고 교회를 결정하세요. 분위기 때문에 시설 때문에 주차장 때문에 교회를 결정하면, 인테리어는 뻔지르르한데 맛은 없는 식당에 가는 거랑 똑같습니다. 진짜 맛있는 집은 아무리 허름해도 사람이 몰려듭니다. 진짜 맛있는 말씀을 꼭 찾아가십시오. 무엇보다 말씀의 스승에 대한 선택을 잘하셔야 합니다.

특히 전도사님, 선생님들은 다른 거 잘하려고 애쓰지 말고 하나님의 말씀을 볼 수 있는 눈을 주시고 깨달을 수 있는 지혜를 주시라고 기도하셔야 합니다. 수학 선생님이 자기만 수학 잘 풀고, 애들한테 잘 가르치지 못해서 다 졸게 만들면 선생님 자격이 없는 거잖아요. 선생님들은 아이들이 성경공부 시간을 제일 기다리는 시간이 될 수 있도록 잘 가르칠 수 있는 지혜와 총명을 달라고 열심히 기도하십시오. 지금 가르치는 제자의 성경공부가 평생 농사, 자자손손 농사입니다.

#말씀과 사랑에 빠진 날?

저는 처음 신앙생활 할 때 그런 간증이 굉장히 부러웠습니다.

잠을 자고 있을 때 갑자기 말씀이 들렸다는 간증. 이사야 몇 장 몇 절.

마태복음 몇 장 몇 절. 어떤 사람은 하늘을 바라보고 있는데 갑자기 하늘에 성경구절이 써졌다는 이야기도 들었습니다. 그게 너무 부러워서 성경 말씀을 들려주시면 좋겠다, 알았으면 좋겠다는 기도를 많이 했습니다.

그런데 언젠가부터 제가 청소년 사역할 때 여름과 겨울에 집중적으로 주제 말씀을 쭉 주시며 나누게 하십니다. 어느 순간 나도 모르게 그렇게 되었습니다. 말씀과 사랑에 빠졌기 때문에.

연애하는 사람들, 짝사랑에 빠진 사람들, 사랑에 빠진 사람들은 사랑하는 사람과 헤어졌는데도 그 사람이 꼭 우리 집 창문 너머에 있는 것 같습니다. 잠을 자도 꿈에 찾아오고, 밥을 먹어도 꼭 내 앞에 그 사람이 앉아 있는 것 같고. 사랑하니까 자꾸 생각이 나고, 자꾸 옆에 있는 것 같은 생각이 듭니다.

바로 그 마음. 우리가 말씀과 사랑에 빠지면 말씀이 항상 나를 따라다니고 하나님이 스토커처럼 나를 따라다니시는 것 같습니다. 죄를 못 짓게 됩니다. 사랑하는 사람이 보고 있기 때문에 죄를 짓다가도 멈출 수밖에 없습니다. 여러분들이 말씀을 더 사랑하고 주님과 대화하기 원한다면 더 깊은 사랑에 빠지셔야 합니다. 주님과 더 깊은 사랑에 빠져보세요. 말씀이 꿀맛입니다. 진짜 맛있습니다.

말씀의 습관을 바꾸는 포인트는 주님과 더 깊은 사랑에 빠져라. 주님과 연애해라. 그러면 주님이 우리에게 보내신 러브레터인 하나님의 말씀을 자꾸자꾸 읽게 됩니다.

우리들이 고민하는 문제가 말씀과 사랑에 빠지면 좋다는 걸 너무 잘 알지만 내겐 너무 어려운 말씀이라는 겁니다. 그런데 사람은요. 나 저 여자 싫어. 나 저 남자 싫어. 말해도 자꾸 만나서 싸우고 말다툼하다 보면 미운 정, 고운 정, 그놈의 정 때문에 그 사람 생각이 새록새록 난다니까요.

일단 말씀을 자주 만나는 시간이 필요합니다. 그러다 어느 날부터 말씀이, 성경말씀이 보일 수 있는 콩깍지가 확 씌어야 합니다.

전도사님들 선생님들 부모님들이 좀 도와주세요. 선물을 주든지, 암송대회를 하든지, 퀴즈대회를 하든지, 어떻게든 자꾸 중매 자리를 만들어주세요. 친구들이 자꾸 말씀과 만날 수 있도록 기회를 만들어주셔야 합니다. 직접 노력하면 더욱 좋습니다. 큐티책도 자꾸 사서 보고, 만화 성경도 읽어보세요. 사서 보기 비싸면 도서관에 가서 빌려 보세요. 드라마나 영화도 기독교 작가들이 쓴 작품이 있는데, 그런 작품에는 성경적인 세계관이 많이 반영되어 있습니다. 드라마 '제빵왕 김탁구'도 그중 하나인데, 그런 콘텐츠를 찾아서 함께 나누는 시간도 유익합니다.

#성경책은 항상 내 품에

성경이 귀하지 않은 시대가 되었습니다. 워낙 흔하니까. 하지만 지금도 북한 땅, 중국 땅, 많은 선교지에서는 한 권의 성경책을 구하기 위해 생명을 겁니다. 조선시대 우리 민족에 복음이 처음 들어왔을 때에도 선교사님이 순교하며 남긴 찢어진 성경책이 벽지로 붙여졌고, 그 말씀을 읽은 사람에게 은혜가 임하고 성령님이 임하셔서 한국교회 부흥의 역사가 일어났습니다.

요즘엔 교회에 성경책이 비치되어 있고 파워포인트로 띄워 주니까 많은 친구들이 성경책이 있어도 안 가져갑니다. 그런데 예배시간에 성경을 안 갖고 다니는 사람은 말씀을 내 말씀으로 만들 생각이 없는 사람입니다. 자꾸 보고 생각해야지, 파워포인트 한 번 보고 내 말씀으로 만들 수 없습니다.

말씀에 의지하는 삶이 무엇이냐, 바로 내 성경. 내 사모하는 성경책이 있어야 말씀을 잘 볼 수 있습니다. 징검다리 캠프를 하다 보면 한 차수 끝날 때마다 300명이 오면 성경책이 30권이 남습니다. 가지고 왔다가 그냥 가는데 그걸 찾는 전화는 많이 와야 한두 통입니다. 중등부 올라가면 성경책 주고, 고등부 올라가면 주고, 성경책을 많이 주니까 귀한 줄 모릅니다. 잃어버려도 찾을 생각도 안 합니다. 그런데 휴대폰을 잃어버리면 주님 잃어버린 것과 거의 동급입니다.

내 성경책을 사랑하지 않는 사람은 절대 말씀을 사랑할 수 없습니다. 성경책은 무기에요. 총이고 칼이에요. 전쟁 나갔을 때 총 없이 싸울 수 없습니다. 남들이 총 갖고 싸우는데 돌맹이 들고 몽둥이 들고 아무리 해봐야 이길 수 없습니다. 나의 무기 말씀을 꼭 갖고 다녀야 합니다. 항상 성경책 갖고 다니면서 힘들고 어려울 때는 말씀 펴보고 하나님의 답을 알고 힘을 얻으며 매일매일 승리하는 삶을 살아갑시다.

#내 머릿속의 성경말씀

예수님도 마귀의 공격을 말씀으로 이겼고, 다윗도 시편을 보면 죽을 상황 억울한 상황이 많은 데 그럴 때마다 말씀에 의지해서 기쁨을 표현합니다. 성경에 나오는 모든 사람들이 하나님의 말씀에 의지해서 찬양하고 말씀을 믿고 다시 전진하는 힘을 얻습니다.

스데반 집사님은 돌에 맞아 죽으면서도 말씀을 증거 했습니다. 스데반 집사님처럼 말씀에 의지하는 사람은 얼굴에 광채가 납니다.

우리가 전도할 때나 살아갈 때 말씀이 딱 맞게 생각나지 않으면 답답하잖아요. 그럴 때는 말씀을 한 두 구절 정도 암송해서 다니세요.

징검다리선교회 만들 때 받은 말씀이 있습니다.

> 너는 내게 부르짖으라. 내가 네게 응답하겠고 네가 알지 못하는
> 크고 은밀한 일을 네게 보이리라.(렘 33:3)

저는 이 말씀을 의지해서 살아갑니다. 지금도 기대합니다. 내일은 또 무슨 일이 생길까. 어떤 말씀을 주실까. 그래서 행복합니다. 말씀에서 크고 비밀(은밀)한 일을 주신다고 했으니까.

내 말씀 없으면 지금이라도 하나님께 우세요. 말씀 달라고 우세요. 말씀에 의지해서 공부하고, 기도하고, 그러면 반드시 은혜가 생깁니다. 놀라운 일이 생깁니다.

은혜의 습관을
바꿉시다

세상의 것은 하면 할수록 쾌락 속에 허무함이 찾아오지만, 하나님의 것은 하면 할수록 희락 속에 영원한 기쁨이 찾아옵니다. 이 기쁨을 은혜라고 합니다. 날마다 은혜 가운데 살아간다는 것은 신앙인들의 가장 큰 축복입니다.

지금, 이 시각에도 쾌락을 좇아 살아가는 사람들이 있고, 희락을 좇아 살아가는 사람들이 있습니다. 쾌락을 좇다가 영원한 아픔에 빠지는 사람들이 많지만, 우리는 영원한 기쁨인 은혜를 나누며 멋진 미래를 만들어 갑시다.

#책망엔 아멘!

우리는 말씀을 들을 때 내가 듣기 좋아하는 말씀만 들을 때가 있습니다. 내가 듣기 좋아하는 말씀을 들으면 은혜 받고. 내가 듣기 싫어하는 말씀 들으면 도저히 은혜를 못 받습니다. 찬양도 내가 듣고 싶은 것만 들으려 합니다.

책망은 내 것이고, 축복은 당신 것입니다. 누군가 이야기했습니다. 동의하십니까? 축복이 당신 것인 경우는 좋아요. 하지만 책망이 내 것이면 씁쓸하잖아요. 우리는 축복은 내 것이고, 책망은 당신 것이면 좋겠다고 생각합니다. '이 책망하는 설교는 찬양단 싱어, 그 애가 들어야 하는데, 오늘 왔어야 하는데.' 이렇게 다른 사람 정죄하면서 말씀 들을 때가 많습니다. 말씀시간에 예배시간에 이 말씀은 누구 것이라고 생각하지 마십시오. 오늘 말씀은 나에게 주어질 때 은혜가 임합니다. 성경 속의 이야기는 오늘 나에게 말씀하시는 하나님의 음성입니다.

이스라엘 백성들이여! 이스라엘 백성들이여! 축복합니다. 주님의 사랑으로. 이런 말씀 없었습니다. 요나가 니느웨에 가서 니느웨 백성들이여! 축복합니다. 이런 말씀도 없었습니다. 선지자들이 회개하라 선포했을 때 그 선포에 회개한 사람들이 다시 복의 자리로 돌아왔습니다. 책망에 아멘 하는 사람들. 제가 잘못했습니다. 인정하는 사람들이 가능성이 있습니다. 박찬호 선수가 계속 재기할 수 있는 것은 베테랑 선수지만 아직도 투구자세를 바꾸기 때문입니다. 들어야 할 말을 듣는 것이 지혜입니다. 책망은 내 것, 축복은 당신 것! 은혜 받는 숨은 비결을 기억하세요.

#손들어! 항복!

성경 60권을 통틀어 많은 선지자들, 사도들, 주의 종들이 외치는 건 딱 한 마디입니다. 백성들에게 '손들어!' 하면 백성들이 '항복!'하면 항복한 백성들을 끌고 가서 하나님께로 데려갑니다. 그런데 '손들어!' 했을 때 '싫어! 너 뭐야. 너나 들어라.' 그랬던 사람들은 땅 밑으로 꺼지거나, 전갈에 물리거나, 전염병에 걸리거나, 불구덩이로 가지 않습니까. 오늘도 말씀을 통해 예배를 통해 '손들어!'하실 때마다 '항복!'해야 하는데 그 말을 못 듣고 사니 문제가 됩니다.

야곱은 절대 항복하지 않습니다. 야곱은 부자였습니다. 양 떼가 많으니까 그 양 떼를 나누고 어떻게든 살려보려고 애를 쓰고, 가족이 많으니까 부인하고 자식하고 어떻게든 살아보려고 버텼습니다. 버티고 버티다 마지막 순간에 압복 강가에 기도하러 갔습니다. 사실 압복 강가에 가서 뭐 했겠습니까. 항복 안 하고 또 고민했습니다. 야곱이 잔머리의 달인 아닙니까. 고민하러 간 압복 강가에서 하나님께서 환도 뼈를 혹하고 니킥으로 치시니 혹 맞은 야곱이 항복합니다.

항복! 이것이 바로 환도 뼈 부러진 야곱이 외친 한 마디입니다. 하나님께 항복하고 재물을 다 나무 아래에 묻어버립니다. 자녀에게 하나님 앞에서 정결하라고 명합니다. 그리고 자녀들과 함께 하나님이 명하신 예배의 자리, 벧엘로 올라갑니다.

은혜를 받으려면 오늘 이 시간도 항복해야 합니다. 제 잘못입니다. 인정합니다. 그렇게 고백하는 습관이 있을 때 은혜가 이어질 수 있습니다.

#예배의 자리를 사수하라

작년에 은혜 받으셨죠? 그건 중요하지 않습니다. 이번 방학에도 은혜 받으실 거죠? 그것도 중요하지 않습니다. 오늘 이 시간 은혜를 받는 사람은 밤에 꿈자리도 좋습니다. 오늘 은혜 받은 사람이 내일의 약속이 있습니다. 오늘 은혜는 내가 받아서 누려야 될 최고의 것입니다. 천국은 언제 가는 걸까요? 죽어서? 아닙니다. 바로 지금입니다. 천국은 지금 갈 수 있습니다. 은혜받은 사람이 천국을 소유하니까요.

천국을 누리는 삶을 살기 위해서 기쁨을 누리고 은혜를 받으려면 어디로 가야 할까요? 은혜의 자리. 예배의 자리가 정답입니다. 은혜 있는 사람들은 날마다 예배드립니다. 새벽 예배, 수요 예배, 금요 예배, 저녁 예배.

얼마 전 한 고등학생이 저에게 물었습니다. "나에게는 삶이 예배이다. 내가 삶으로 예배를 드리는데 굳이 예배의 자리에 따로 나갈 필요가 있느냐?" 일단 때려주고 얘기를 했습니다.

삶이 예배지만 그 삶 가운데 하나님을 만날 수 있는 깊이가 있어야 되는데 세상이 만만치 않습니다. 돈 때문에 바쁘고, 공부 때문에 바쁘고, 연애 때문에 바쁩니다. 하나님보다 세상이 주인이 되는 경우가 대부분입니다. 예배에 가면 주님만 바라보게 되니까 은혜가 생깁니다. 은혜는 은혜의 자리에 있을 때만 유지될 수 있습니다. 예배드리세요. 예배가 최우선입니다.

충성의 습관을
바꿉시다

#순종으로 시작하고 구별된 삶으로 헌신하기

신앙인이 가장 아름다울 때는 부족하다고, 죄인이라고 고백할 때입니다. 베드로는 나는 죄인입니다. 사도 바울은 나는 죄인 중에 괴수입니다. 모세는 나는 아이입니다. 고백을 통해서 나는 할 수 없다고 인정했지만, 주님이 가라 명하실 때 생명 걸고 나아가는 순종. 충성의 첫 번째 계단은 바로 순종입니다.

순종할 마음이 생기면 그때부터는 어떻게 충성의 습관을 바꾸어야 하는지, 훈련시켜야 합니다. 교사들에게 제일 중요한 건 교사교육이고, 임원들에게 제일 중요한 건 임원교육입니다. 신병 교육대에 수백 명의 신병들이 들어와도 그들을 훈련시킬 수 있는 조교 훈련이 가장 중요합니다. 조교들만 반듯하게 훈련되어 있으면 아무리 많은 신병들이 와도 100% 군인으로 거듭날 수 있는데 조교들이 대충대충 가르치면 아무리 많은 젊은 이들이 와도 절대로 군인으로 거듭날 수 없습니다.

그러니 남들처럼이 아닌 남들과 다른 충성의 습관이 필요하지 않을까요? 임원이 됐는데도 예배에 지각한다. 교사인데 학생 예배를 빠진다. 찬양팀인데 토요일 밤에 노래방에 가서 놀고 있다. 직분자들이 세상 습관을 가지고 세상 속에 빠져 산다면 진짜 직분자가 아닙니다.

임원이라면 주일 사역을 위해 토요일을 준비하는 습관이 필요합니다. 토요일은 약간 일찍 주무시고, 밤늦게까지 싸이나 문자 하지 마시고 주일을 준비하며 일찍 자는 습관. 갈 곳도 많고 만날 사람도 많은 토요일 밤이지만 교사라면, 임원이라면, 직분자라면, 성가대라면, 찬양팀이라면 토요일의 구별된 삶의 습관을 만들어 가야 합니다. 남들이 백 원을 헌신할 때 우리는 백 오십 원 정도 헌신하는 그런 구별된 모습이 있을 때 하나님의 일꾼으로 쓰임 받을 수 있습니다. 남들은 백 원 헌신하는데 본인은 십 원만 한다면 하고 나서도 쓰임 받고 버림받는 종이 됩니다. 하나님의 일꾼이 되느냐, 버림받는 종이 되느냐. 여러분의 선택은?

#부지런한 나의 충성

축복받는 사람의 공통적인 특징은 부지런함입니다. 열심히 주님을 따르고 주님을 섬긴 사람들. 여호수아가 요단강을 건널 때 아직 물이 흐르고 있었습니다. 물이 있음에도 불구하고 말씀 따라 부지런히 전진합니다. 그러자 그 물속에 발을 디딜 때 저 위에서 물이 끊어집니다. 눈앞에 보이는 물은 여전히 흐르고 있지만, 저 위에서는 이미 축복이 시작되었습니다.

아브라함이 이삭을 제물로 바치려고 데리고 갈 때도 아침 일찍 출발합니다. 밤늦게까지 고민하고 근심하다 가는 것이 아니라 아침 일찍 그냥 갑니다. 우리에게도 봉사 자리가 맡겨지면 부지런하게 움직이는 습관. 연습 때에도, 예배 때에도 일찍 움직이는 습관. 이 습관이 그 사람의 충성도를 높일 수 있지 않을까요?

아시아의 홈런왕 이승엽 선수는 매년 한국에 들어와서 야구 연습합니다. 지금까지 번 돈으로 평생 먹고 살 수 있는 사람인데도 이번 겨울이 자기한테 너무 중요하다고 합니다. 내년에 롱런 하기 위해서 고향에 내려가서 달리기하고, 근육 훈련을 합니다. 베팅 연습을 수없이 반복합니다.

이렇게 유명하고 탁월한 선수도 이렇게 부지런히 연습하는데 연약하고 부족한 우리는 어떻게 해야 할까요? 임원, 교사, 찬양팀으로 봉사할 정도면 누구보다 열심히 하는 사람들입니다. 그렇지만 조금 더 부지런하게, 조금 더 열심히, 게으른 사람은 절대로 어떤 열매도 맺을 수 없으니까요. 우리 모두 더 열심히 전진합시다.

#주님께 올인!

어렸을 때 엄마에게 돈을 맡겨본 적 있으시죠? 명절 때나 친척들 오셨을 때 용돈 받으면 부모가 맡아서 간직합니다. 처음에는 이 아이가 아무 생각 없이 맡기다가 초등학교에 간 다음부터 자꾸 얼마 있어? 묻습니다. 툭

하면 지난번에 내가 맡긴 돈으로 사 줘. 반항하고 달라고 하며 생떼를 부립니다. 그런데 어린아이가 맡긴 돈이 많을까요, 엄마가 아이에게 주는 돈이 많을까요? 아이가 아무리 많은 돈을 맡겨도 엄마가 주는 돈이 더 많은데 이 아이들은 엄마가 내 돈 빼앗아 갔다고 생각합니다. 내 돈 아빠가 다 가져갔다고 억울해합니다.

교사들이 임원들이 봉사할 때 나는 내 시간이 없어. 맨날 교회 봉사야. 맨날 나만 시켜. 나만 희생해. 나만 고생해. 힘들어해요. 그러나 사실 나만 하는 게 아니라 주님이 우리에게 더 많이 일하십니다. 하나님이 충성하는 우리를 위해 더 많은 시간, 더 많은 물질, 더 많은 축복을 예비해주십니다. 교사로 임원으로 헌신하기로 결정하셨습니까? 우리가 열을 헌신했다면 주님은 우리에게 천과 만을 준비하십니다.

충성이란 나의 모든 것을 맡기고, 그 수백 수천 배 열매를 받아 가는 것입니다. 앞으로 삶을 살아가면서 충성한 자에게 필요한 모든 것을 하나님이 이미 다 허락하신다는 것, 그것을 인정할 때 우리는 충성할 수 있는 마음의 각오를 다지게 되고, 여러분들의 앞날이 활짝 열리게 되는 거죠.

주님께 올인! 하십시오. 더 많은 자유가 주님 앞에 생기게 될 것입니다.

중보의 습관을
바꿉시다

교인들이 배워야 할 가장 중요한 습관 중 하나가 바로 중보의 습관입니다. 강대상 청소를 하는 것은 우리 목사님이 강대상에서 설교 잘하라는 중보기도. 주차 봉사하시는 것은 주차 편하게 해서 우리 성도님들 예배 잘 드리라는 중보기도. 무릎 꿇고 하는 것도 중보기도지만 무릎 꿇지 않아도 몸과 마음으로 하는 중보기도입니다.

우리의 삶을 통해 영혼들이 변화되고 복음이 증거되기를 바라는 중보자의 자세. 예수님처럼 중보자의 삶을 살아가기 위해 기억해야 할 중보의 습관 속으로 들어가 봅시다.

#주님께 받은 중보의 마음

얼마 전 싸이월드 미니홈피에 '청소년 때문에 웁니다.'라는 제목의 글을 썼습니다. 저는 청소년 사역자, 청년 사역자니까. 아무리 피골이 상접해도, 잠을 못자서 눈에 다크서클이 생기고 완전 팬더가 되어도, 청소년이라는 소리에 가슴이 콩콩콩콩 됩니다.

미니홈피에 친구들이 오면 모든 글에 댓글을 씁니다. 사람들이 놀랍니다. 어떻게 그 댓글을 다 다냐고. 그런데 저는 그때가 제일 재미있습니다. 애들하고 말하고 노는 것, 애들하고 집회하는 것, 애들하고 예배드리는 것. 애들만 있으면 막 재미있어집니다.

저의 가슴을 뛰게 하는 중보 제목은 청소년이니까요. 일본 선교하시는 분들은 일본이라는 나라 얘기만 들어도 우시고, 북한 선교하시는 분들은 탈북자 기사만 봐도 눈물을 흘립니다. 이 눈물과 설렘이 바로 중보의 마음입니다. 중보의 마음은 주님이 주십니다. 가슴이 뛰는 것도 눈물이 나는 것도 주님께 받아야 합니다. 초대교회의 역사도 그 마음을 받은 제자 11명을 통해 일어났습니다.

#오직 영혼 살리는 중보자

일본 땅을 위해 우는 사람은 일본 땅의 영혼을 위해 웁니다. 북한을 위해 우는 사람은 북한 땅의 영혼을 위해서, 청소년 청년들을 위해 운다면 청소년 청년들의 영혼을 위해서 우는 것이 아니겠습니까. 우리의 가장 중요한 사랑의 표현은 영혼을 위한 중보기도입니다. 학생들의 잠자는 열정을 깨우고, 성도들의 잠자는 믿음을 깨우고, 같이 금식하고 기도하며 얼굴에 근심 없이 함께 전진하는 인생이 바로 중보의 인생이 아닐까.

여러분들은 영혼 살리는 중보자로 살아가고 계십니까? 아니면 먹고 살기도 벅차서 하루하루 바쁘게 살다가 오늘도 지쳐 잠드십니까? 중보자는 내일이 다릅니다. 영혼 구원을 위해 기도하다가 주무시는 분들은 내일도 놀라운 소식을 들으실 것이고, 먹고 살기 바빠서 주무시는 분들은 내일도 여전히 먹고 살기 위해 바쁘게 살아야 합니다.

#나를 위한 중보로 성령충만

마지막으로 영육간에 강건해지도록 기도하는 것을 잊지 마세요. 끊임없이 기도한 사도바울은 몸은 안 좋았지만, 영은 날마다 새로웠습니다.

영혼은 육체를 위해 중보해야 합니다. 나를 사랑하는 만큼 내 영혼과 육체를 위해서 중보기도 하시고 관리하십시오. 육체가 영혼을 위해서 중보기도 하려면 영혼이 좋아지는 곳을 다녀야 되는데 육체가 자꾸 영혼이 안 좋아지는 곳을 다닙니다. 노래방 다니고, 피씨방 다니고, 텔레비전만 보고. 육체가 하고 싶은 대로 살다 보면 어느 날 영혼이 핍절해있습니다. 육체가 힘들어도 자꾸 기도의 자리, 예배의 자리, 큐티의 자리를 가다 보면 어느 날 영혼이 좋아지게 됩니다. 그러니까 영혼은 육체를 위해 중보하셔야 됩니다.

영혼이 좋아지면 육체가 좋아집니다. 마음이 편하니까 밥맛이 좋아지고, 소화가 잘되고, 잠을 푹 잘 수 있습니다. 얼굴이 탱탱해집니다. 평안한 사람들만이 누리는 육체의 축복입니다. 요즘 많은 질병의 원인이 스트레스 때문이라는데 영혼이 좋아지면 스트레스가 싹 사라집니다. 전 세계를 위해 중보해야 되지만 중요한 건 내 영혼을 위해서 기도하는 것을 잊지 마세요. 내 영혼이 중보자의 삶으로 행복해지면 육체도 행복해지는 일석이조의 결과가 나타납니다. 그러니 우리는 날마다 싸워야 됩니다.

김연아 선수가 금메달 따고 어떻게 했죠? 누리고 즐길 수 있지만, 그다음 달 세계선수권대회 준비하러 토론토로 갔습니다. 금메달 따는 것보다 금메달을 지키는 것이 더 어렵습니다.

마찬가지로 은혜를 받고 더 중요한 것은 그 은혜를 유지해나가는 것입니다. 하나님 나라는 직업이 아닙니다. 직업적으로 하나님의 나라를 유지할 수 없습니다. 하나님의 나라는 오직 중보의 마음으로만 갈 수 있는 것입니다. 하나님의 나라가 이 땅에 이루어지는 그날까지 내 육을 쳐서 복종케 하는 중보자의 마음이 있어야 하지 않을까.

중보기도 하실 때 무조건 성령충만 위해서 기도하십시오. 내가 충만해야 중보를 해 줄 수 있습니다. 찬양 가사처럼 성령 충만을 받고서 기도대장 될래요. 이게 최고입니다. 성령충만으로 중보의 길을 이어갑시다. 중보기도로 영혼을 살리는 영혼의 119 되시기를 기도드리겠습니다.

축복의 습관을
바꿉시다

#승리의 사람 줄에는 뭔가 특별한 것이 있다?

사람이 살면서 얻을 수 있는 가장 큰 축복은 누구 줄에 섰느냐, 누구 뒤에 서서 사느냐가 행복과 불행을 결정할 수 있습니다. 윷놀이하면 유독 잘하는 사람이 한 명 있습니다. 그 사람만 있으면 그 팀이 이깁니다. 분위기 막 띄우는 사람, 이상하게 잘하는 사람, 기가 좋은 사람, 힘이 좋은 사람, 승리의 사람이 있습니다.

사울과 다윗을 생각해봅시다. 사울과 다윗도 왕이었습니다. 사울이 왕일 때 다윗은 왕도 아닌 도망자 신세에다 사울 뒤에는 엄청나게 잘 나가는 군사들이 있었습니다. 사울은 왕이니까 인재들이 모여듭니다. 그 시대 최고 엘리트들이 다 사울 뒤에 있었습니다. 다윗 뒤에는 누가 있었나요?

빚지고 환난 당하고 원통한 자들 400명이 있었습니다. 그런 사람들이 다 윗 줄에 섰고, 누군가는 사울 줄에 섰는데. 결과는 대역전입니다. 사울 줄에 섰던 사람들은 다 사라지고, 다윗 줄에 섰던 사람들은 개국공신으로 대박 났습니다. 승리의 사람 줄에는 변화가 있고 미래가 있습니다.

지금 누구 뒤에서 어떤 은혜의 훈련을 받고 있나요? 승리의 사람을 알아보는 비결요? 승리의 사람은 주님이 주신 것만으로 감격하는 사람. 주님의 줄에 서서 예배드리는 것만으로도 감사. 기도하는 것만으로도 감사. 써주시는 것만으로도 감사. 감사가 넘치는 사람입니다.

지금 여러분들이 돈 돈 돈, 돈 하는 사람 뒤에 서 있으면 그 사람 인생은 돈으로 끝납니다. 성공 성공하면 성공을 위해 모든 것을 버리죠. 그런데 우리는 아무 생각 없이 그냥 복음만 생각하고 은혜만 생각하고 감사만 생각하면 이 자체가 가장 큰 축복입니다.

#말씀의 보증서를 받자

저는 많은 사람들을 보증 세워서 힘들게 했던 사람입니다. 사역 때문에 저에게 보증을 서주신 많은 분들이 계십니다. 보증을 많이 세워본 경험자로서 말하자면 보증은 신분이 좋아야 됩니다. 신분 좋은 사람만 보증 세우면 내 신분에 상관없이 한도가 무한정입니다. 보증 때문에 많은 사람들에게 힘든 짐을 줬지만, 그 일을 겪으면서 나는 능력이 없고, 조건이 안 되지만, 누군가가 나를 보증만 서주면 받을 수 없는 무궁무진한 것을 받을 수 있다는 교훈을 얻었습니다.

우리는 축복 받기를 원합니다. 하늘나라 축복, 어마어마한 축복을 받고 싶은데 우리 조건으로는 축복이 작습니다. 그렇다면 우리에게 무엇이 필요할까요? 우리의 가장 든든한 보증서. 바로 성경책입니다.

말씀을 믿으세요? 그런데 왜 걱정하십니까. 말씀을 믿으세요? 아멘 해 놓고 왜 두려워하세요. 말씀에 걱정하지 마라. 염려하지 마라. 답이 다 나와 있습니다.

8개월 된 아이가 고민에 빠졌습니다. 요새 엄마 젖이 줄었어. 엄마가 좀 피곤해 보이시는데. 그러지 않습니다. 아기는 배고프면 울면 됩니다. 엄마만 있으면 모든 게 해결이 되니까. 똥을 싸도 울기만 하면 돼요. 엄마가 내 똥 보고 기절하시면 어떻게 하냐. 내 똥 싫어하시면 어떡하지. 이럴 필요 없습니다. 그냥 울기만 하면 기저귀는 엄마가 알아서 갈아주는 것처럼 그냥 믿고 사세요. 우리가 예수님 믿고 하나님 믿고 사는 데 확실한 보증서를 주셨습니다. 말씀의 보증서 얼마든지 갖다 쓰십시오.

미래의 축복은 말씀에 다 적혀있습니다. 여리고도 무너지고, 홍해도 갈라지고, 만나와 메추라기도 내려오고, 항아리 물도 바뀌고 다 되는데 왜 걱정하세요?

그 보증서를 안 믿는 사람, 말씀을 안 믿는 사람, 성경책을 들고 다니지만, 말씀에 관심이 없는 사람. 그런 사람들에게는 그 보증서가 효력이 없습니다. 여러분 손에 지금 있는 보증서. 내 시대에 주님이 약속하신 보증서, 말씀의 보증서를 끌어내리셔야 되지 않을까. 그 보증서에 도장 하나 딱 찍어서 제출만 하시면 딱 떨어집니다. 한도 조회되셨습니다. 백지 수표입니다.

#실패한 사람과 손잡기는 절대금지

복음은 냉철해야 합니다. 구약 말씀에 강하고 담대하라. 아닌 것들은 다 잘라버려라. 가나안 점령할 때도 점령지 사람을 다 죽입니다. 양 떼 소 떼도 다 죽입니다. 그거 살짝 남겨놨다가 후대에 어마어마한 저주를 받게 됩니다.

실패한 사람과 손잡지 말라는 것은 사업 실패한 사람과 손잡지 마라. 성적에 실패한 사람과 손잡지 마라. 이런 내용이 아닙니다. 은혜에 실패한 사람과 손잡지 마라. 복음에 실패한 사람과 손잡지 말라는 내용입니다.

돈은 많이 벌었는데 하나님이 안 기뻐하시는 방법이고, 성적은 올랐는데 하나님이 안 기뻐하시는 방법이다. 그럴 때는 그 손을 놓으셔야 합니다. 동아줄을 잡았는데 썩은 동아줄을 잡으면 막 올라가다가 마지막에 뚝 떨어집니다. 요즘은 도금한 동아줄이 많아서 조심해야 합니다. 제일 슬픈 동아줄은 바로 고무줄 동아줄. 올라갈수록 자꾸 내려갑니다. 교회 다닌 지는 5년인데 기도도 잘 못 하고 찬양도 잘 못 하는 사람들. 고무줄 동아줄은 절대 잡지 맙시다.

쫄딱 망하고 돈이 십원도 없어도 은혜 안에서 강한 사람은 실패자가 아닙니다. 사실 이스라엘 백성은 실패자처럼 보입니다. 집도 없고, 땅도 없고, 구름기둥 불기둥 따라다니며, 만나와 메추라기 먹으며 막막한 광야를 아무런 기약 없이 떠돌아다닙니다. 그런데 마지막 승리는 이스라엘에 갑니다.

바울처럼 실패한 사람 있어요? 최고 학벌과 인맥을 다 버리고, 회당에서도 끝이고, 결혼도 못 하고, 몸도 안 좋고. 그런데 그 바울이 마지막에는 승리자가 되는 것처럼 승리자인데 실패자인 것처럼 느껴지시는 분들 걱정하지 마세요. 예배와 멀어지고 기도와 멀어져 놓고 원하는 대학 갔다고, 여자 친구 생겼다고, 돈 좀 벌었다고 승리자인 줄 착각하시는 분들은 다시 고민해보세요. 오늘 당장 내가 실패자인지 승리자인지 고민하시고, 나는 실패자와 손을 잡았는지 승리자와 손을 잡았는지 생각해보세요. 실패한 사람과 손잡고 가면 결국 나도 실패자가 됩니다.

#강심장의 담대함

김연아 선수는 연기를 잘할 때가 많지만 넘어져서 엉덩방아를 찧을 때도 많습니다. 얼마 전 세계적인 큰 경기에서 수많은 사람들이 텔레비전으로 생중계되는 김연아 선수의 연기를 보고 있는데 쾅당 넘어져서 깜짝 놀랐습니다. 우리 같으면 못 일어날 것 같습니다. 도망치거나 숨어버리고 싶을 것 같은데 김연아 선수는 벌떡 일어나서 다시 준비한 연기를 펼쳤습니다. 김연아 선수의 강심장, 담대함을 보면서 우리가 가져야 할 축복의 습관 중 하나가 떠올랐습니다.

우리는 모든 결정을 미적거릴 때가 많습니다. 수요 예배 갈까 말까. 금요 철야 갈까 말까. 수련회 갈까 말까. 죄짓는 순간의 머뭇거림. 신앙생활도 마찬가지입니다. 기도도 3분 정도 하다 보면 무릎이 아픈데 그걸 넘어서야 합니다. 찬양할 때도 갑자기 감동 받으면 일어나고 싶을 때가 있어요. 그런데 아무도 안 일어나니까 못 일어납니다. 제일 먼저 일어나는 게 어색하니까. 그 잠깐의 머뭇거림에서 담대한 선택이 그 사람의 축복의 습관을 바꿀 수 있습니다.

성경의 인물 중에서 강하고 담대하라. 누가 떠오르세요? 모세의 후계자이자 가나안 정복의 주인공인 여호수아가 딱 떠오릅니다. 모세가 여호수아에게 가르쳤던 내용이 여호수아 1장인데요. 강하고 담대하라는 가르침이 계속 나옵니다. 그렇게 배운 여호수아가 고백하는 말이 나와 내 집은 여호와만 섬긴다. 우리는 주님만 섬긴다고 시인합니다. 이런 강한 고백이 백성들을 도전하게 해서 가나안을 정복할 수 있었습니다. 우리도 여호수아처럼 도전하고 정복하는 축복의 습관을 가집시다. 강하고 담대하게, 축복의 강심장!

#하나님이 원하시는 정답 찾기

어린아이들이 가장 큰 복을 받으려면 엄마 아빠에게 받아야 하지 않습니까. 엄마 아빠에게 복 받는 방법은 하나. 엄마 아빠가 기뻐하는 일을 하면 됩니다. 우리가 부모님이 좋아하는 무언가를 하고 있을 때 부모님은 우리가 좋아하는 무언가를 해주고 싶어 하십니다.

하나님도 마찬가지입니다. 하나님은 우리에게 주고 싶어 하십니다. 복 주시는 분은 하나님이시니 우리도 하나님이 원하시는 답을 찾아야 합니다. 주님의 마음을 흡족하게 할 수 있는 기도와 찬양과 예배의 일들을 하나하나 감당하는 좋은 습관을 실천하세요. 사순절에 특별새벽기도 하면 참석하세요. 1년 365일 하면 제일 좋지만 힘들다면 특별할 때만이라도 하셔야 합니다.

우리 학생들은 1년 내내 못 나오는 경우가 많습니다. 그때라도 나오는 습관이 생기면 나중에 진짜 힘들고 어려울 때 은혜 받은 생각이 납니다. 발걸음이 저절로 교회로 움직여집니다.

하나님의 가장 큰 관심은 영혼 구원입니다. 그러니 하나님이 제일 좋아하시는 영혼 구원을 위한 일, 우리가 하루에 한 가지라도 도전한다면 하나님은 다른 모든 것을 잘못했어도 그 한 가지 때문에 우리를 너무 예뻐하십니다.

가정 복음화를 위한 한 번의 기도, 학교 친구들을 위한 한 번의 기도가 필요합니다. 우리가 맨날 연예인 이야기, 방송 이야기, 돈 얘기, 대학 이야기, 성적 이야기만 한다면 하나님이 마음 아파하십니다. 한 번이라도 주님 이야기, 영혼 이야기에 최선을 다해 봅시다.

60만 대군 중에 여호수아와 갈렙 만이 가나안 땅에 들어갑니다. 여호수아와 갈렙 만이 영혼을 봤고 하나님을 봤기 때문입니다. 59만 9,998명은 가나안을 바로 앞에 두고 못 들어갔습니다. 참 슬픈 결말 아닙니까. 수많은 사람들 중에 축복의 땅 가나안에 들어간 사람은 결국 하나님의 뜻대로 하나님의 답대로 '나와 내 집은 여호와만 섬긴다.'라는 여호수아와 갈렙 뿐이었습니다. 영혼구원을 위한 오늘의 도전이 축복의 주인공을 만들어 갑니다.

간증의 습관을
바꿉시다

#내 삶의 빛나는 기적

우리가 듣는 간증은 대부분 사업, 건강, 성공의 간증이 많습니다. 그렇지만 진짜 간증은 어찌 보면 평범한 일인데 누군가에게는 기적과도 같은 이야기. 간증이란 내 삶에 일어났던 기적이 아닐까요? 사람이 태어나면 생일을 기억하며 살아갑니다. 사람이 죽으면 무엇을 기억하고 살까요? 남아있는 후손들이 죽은 날을 기억하며 삽니다. 죽은 날 무엇을 기억하냐면 저분은 참 멋있게 살다 죽었다. 이런저런 간증이 있었다. 후손들이 그의 간증을 기억하고 삽니다. 오늘의 간증이 내가 죽어서 남길 간증입니다. 그러니까 우리는 오늘 죽어도 후회 없는 간증을 남깁시다.

간증을 듣다 보면 하나님이 원하시는 게 아니라 내 얘기만 많이 하는 그런 간증이 있습니다. 무엇을 기다리느냐에 따라 될 사람은 되고, 안될 사람은 안 됩니다.

　세례 요한을 낳고 나서 요한의 이름을 서판에 쓰자마자 아버지의 입이 풀렸고, 열렸습니다. 아버지의 성에 따라 이름을 적어야 되는데 아버지 성이 안 나오고 서판에다가 요한이라고 쓰니까 입이 열리고 풀린 것처럼 우리는 반드시 하나님이 원하는 것을 쓰고 하나님이 원하는 것을 말해야 합니다. 간증이란 하나님이 나에게 주신 바를 이야기해야 하는데 그러려면 간증 덩어리를 만들기 위해 좀 키우는 시간이 필요합니다. 간증의 습관을 위해 우리가 바꿀 행동을 알아봅시다.

#불편하게 삽시다

간증이란 남에게 자랑하려고 하는 게 아니라 내가 좀 불편하게 살았지만 그럼에도 불구하고 기뻐하고 감사할 수 있었다고 말하는 그것이 진짜 간증입니다. 너무 편하게 살면 갑자기 좋은 일이 생겼을 때 그 일에 감동이 없습니다. 그런데 늘 걸어 다니는 사람은 누가 차 태워주면 그게 간증 아닐까요? 하나님이 차를 보내줬어요. 아빠가 항상 차를 태워주는 사람은 어쩌다가 버스 타면 그것도 불평합니다. 항상 편하게 사는 사람에게는 은혜가 생기지 않습니다.

　이스라엘 백성은 40년 동안이나 광야를 헤매고 다녔습니다. 사실 짧은 거리인데 계속 돌고 돕니다. 가나안에 아무 일 없이 그냥 쑥 들어갔으면 우리가 이스라엘 백성이 광야에서 만난 스펙터클 한 하나님의 역사에 대해 흥분할 수가 없습니다. 홍해가 갈라지고, 여리고가 무너지는 기적들. 홍해가 갈라지기 전에는 꼭 뒤에서 적군들이 쫓아옵니다. 여리고성이 무너지기 전에는 엄청 높고 견고합니다. 가나안 땅을 정복하기 전에 거기 사는 자손들은 키가 크고 싸움도 잘합니다.

기적이 일어나기 전에는 항상 어려움과 고난이 늘 따라옵니다. 광야에서 백성들은 늘 불편하게 살았습니다. 뒤에서 쫓아오는 군대 때문에 마음이 불편하고, 안 갈라지는 홍해 때문에 마음이 불편하고, 메추라기와 만나 기다리느라 계속 불편합니다. 우리는 불편한 걸 엄청 싫어합니다. 절대로 그렇게 살고 싶지 않아요. 성적은 한 번에 팍 올랐으면 좋겠고, 돈도 갑자기 많아지길 바랍니다. 하지만 불편한 가운데 하나님의 채우심을 경험하며 기뻐하고 감사하면 좋은 간증이 저절로 생깁니다.

#복잡하게 말하지 말자

간증은 내게 주신 은혜를 딱 한 가지만이라도 정확하게 끝까지 가는 것입니다. 복잡하면 안 됩니다. 홍해가 갈라지는 건 딱 하나가 필요했습니다. 홍해 간증에서 제일 중요한 건 모세 지팡이. 여리고가 무너질 때 가장 중요한 건 함성. 기드온 삼백 용사의 간증은 항아리를 확 깨버린 일입니다. 단순 명쾌하게 딱 하나. 홍해는 지팡이, 여리고는 함성, 삼백 용사는 항아리 이렇게 한 가지 핵심 포인트가 있습니다. 주님이 주신 정확한 포인트.

지금 나는 분명히 안 될 사람입니다. 집안 환경이 나쁘고, 엄마 아빠는 예수님 안 믿고, 공부도 못합니다. 여러 가지 문제가 있지만 하나만 잡습니다. 하나님의 은혜라는 하나.

다윗의 간증을 들어보면 시편에 써 내려간 모든 내용이 다 수렁에 빠졌을 때입니다. 다 웅덩이에 빠져서 썼습니다. 시편을 보면 어떤 편은 막 불평만 합니다. 죽겠어요. 죽겠어요. 그런데 그다음 장에 바로 여호와는 나의 목자시니. 정말로 기가 막힌 수렁에 빠져도 복잡하게 생각 안 합니다. 다윗의 간증은 간단명료. 주님만이 나의 힘, 주님만이 나의 반석이시라는 고백입니다. 듣고 나서 명쾌해지는 핵심 포인트가 있는 간증을 기억하세요.

#명대사로 마무리

내 삶의 간증을 생각하면 탁 떠오르는 대사가 있나요? 저는 처음 주님을 영접할 때 목사님께 이런 이야기를 들었습니다. "아무것도 해보지 않고 실패했다기보다는 위대한 일에 도전하고 결과를 하나님께 맡깁시다. 뭐라도 해보면 하나님이 책임진다." 그 말에 제가 청소년 사역을 시작했습니다. 자자손손 남겨질 내 삶의 간증, 환상의 명대사를 남기는 명작인생을 살아가시길……

수련회의 습관을
바꿉시다

#천국의 샘플

저는 요즘 천국을 맛보느라 시간 가는 줄 모르고 지내고 있습니다. 이 땅에서 어떻게 천국을 경험할 수 있냐구요? 하루 종일 예배드리고 기도하고 찬양할 수 있는 수련회가 바로 천국의 샘플입니다.

수련회 때마다 갈까 말까 고민하는 분들 계시는데 이번 수련회 안 가고 다음에 가야지 생각하면 이번 수련회의 은혜는 다른 누군가에게 넘어갑니다.

노아가 120년 동안 방주를 지었습니다. 그런데 그 방주를 노아가 짓지 않았다면 다른 사람이 했을까요, 안 했을까요? 노아가 안 한다고 불순종했으면 노아 말고 다른 사람 또 있었습니다. 하나님의 역사는 결코 멈추지 않습니다. "제가 방주를 짓겠습니다."라고 말했을 때, 노아는 믿음의 의인이 되었습니다. 방주 안 지었으면 그냥 평범하게 살다가 죽을 수밖에 없습니다.

다른 누군가에게 은혜 넘기지 마시고, 여러분이 수련회의 주인공 되길 바라며 수련회의 습관도 팍팍 바꿔봅시다.

#학생들은 첫날부터 깨지자

우리 학생들의 수련회 습관은 첫날부터 깨지자, 첫날부터 은혜를 받자.

대부분 2박 3일이면 첫째 날, 둘째 날, 셋째 날 분위기를 알고 있습니다. 첫째 날은 사고치고, 둘째 날 살짝 눈가가 촉촉해 지면서 둘째 날 저녁에 제일 은혜 많이 받는 게 술, 담배 하는 친구들. 다 알면서도 반항하고, 좋으면서도 반항하고, 예수님이 좋으면서도 튕기고 싶어서 술, 담배 안 할 거면서도 가져갑니다. 그런 친구들이 둘째 날 저녁에 은혜를 제일 많이 받습니다. 그리고 그다음 날 수련회가 끝납니다. 차라리 첫날부터 은혜 받으면 2, 3일을 즐겁고 행복하게 사는데 마지막까지 버틸 필요 없습니다. 첫날부터 은혜 받읍시다.

많은 친구들이 성경책, 필기도구, 세면도구. 대부분 필기도구랑 세면도구는 가져오는데 성경책은 안 가져옵니다. 꼭 가져오세요. 어떤 친구들은 꼭 가져오지 말아야 하는 물건을 가져와서 은혜를 막습니다. 술, 담배, 화투, 카드 가져오는 친구들 꼭 있습니다. 지난 수련회 때 제가 인도를 하는데 고3 친구가 기도를 못하고 있어요. 은혜를 못 받고 기도를 하고 싶은데 안타까워하는 친구가 있을 때 제가 딱 한마디 합니다. 내놔. 아무 말 없이 가서 내놔. 합니다. 그러면 그 아이가 주머니에서 담배를 딱 꺼냅니다. 그러면 그 시간부터 눈물 터지고 콧물 터지고 회개 터지고 기도가 됩니다. 이렇게 술, 담배 가져오는 친구들이 또 회개는 제일 많이 합니다. 본인들이 더 잘 알아요. 이거 가져가면 반드시 내놓고 회개한다는 것. 처음부터 아예 가져오지 말고 출발부터 큰 은혜받읍시다.

#교사들은 기도로 함께

저는 솔직히 아이들은 큰 문제가 없다고 생각합니다. 애들은 어리니까 모르니까 그럴 수 있습니다. 문제는 교사들이 문제입니다. 집회할 때 교사들의 아멘 목소리, 교사들의 눈물, 찬양하는 몸짓을 딱 보면 이 교회 아이들이 은혜가 있는지 없는지 알 수 있습니다.

교사들의 나쁜 습관 중 하나가 애들 집회 장소에 집어넣고, 자기는 숙소에 갑니다. 쉬러, 힘드니까, 피곤하니까, 나이가 많으니까, 니들은 가서 은혜 받아. 한숨 자고 올게. 그 교회 아이들은 은혜 못 받습니다. 교사들이 은혜를 받아야지 아이들이 은혜를 받지 않습니까. 교사들이 통로인데. 그런 교사들의 특징이 아이들은 앞자리 교사들은 뒷자리. 아이들은 본당에 교사들은 숙소에. 아이들은 예배 때 은혜 받게 하고, 교사들은 치킨 사 옵니다. 치킨 들고 오면서 엄청난 걸 해주는 것처럼 뿌듯해하시는데 아이들에게 치킨보다 중요한 게 중보기도 해주는 겁니다. 눈물을 보여줘야 하는데 많은 교사들이 돈으로 때웁니다.

물론 그것이 나쁘다는 것은 아니지만, 치킨보다 피자보다 같이 '아멘'하고, 같이 중보기도하고, 같이 예배드리는 게 더 중요합니다. 막말로 전쟁 나서 치고받고 싸우고 죽어가고 있는데 거기다 대고 치킨 왔어요. 그걸 누가 먹겠어요. 같이 싸워서 이긴 다음에 그다음에 먹어야 맛있죠.

제발 애들한테만 은혜받아라 말하지 마시고, 선생님들이 은혜 받으시면 됩니다. 여호수아가 말했습니다. 너희는 나를 위해 싸워라. 내가 너희를 위하여 싸우겠다. 너희는 가만히 서서 기다려라. 내가 너희를 위해 싸우겠다. 교사들이여, 주님께 아이들을 맡긴다는 것이 무엇이냐 내가 예배 때 은혜를 받고 도전을 받으면 하나님이 우리 아이들 책임지십니다.

지난겨울 캠프 때 이상한 느낌이 드는 순간이 있었습니다. 나중에 들어보니까 교사 한 명이 산에서 담배를 피우고 내려왔어요. 스텝이 "선생님, 담배 피우시면 안 돼요." 말했는데, 우리 스텝이 어리니까 신경 쓰지 말라고 나 교사라고 막 뭐라 하시더랍니다. 그건 말이 안 됩니다.

그날 밤에 하나님이 교사와 전도사들을 초청해라. 교사들을 콜링하라. 그런 감동을 주셨습니다. 청년들 교사들 100여 명이 있었는데 칠팔십 명이 무릎 꿇고 회개하는데, 애들이 짓는 죄보다 더 많은 죄를 고백했습니다. 놀라운 건 그들이 깨지니까 애들은 순식간에 깨집니다. 교사들과 전도사님들이 앞에서 울고불고 회개하니까요. 교사들도 게임 많이 하고, 교사들도 음란물 많이 보고, 술 담배 많이 합니다. 이런 문제로 갈등하는 교사들이 많습니다. 그런데 아닌 척, 괜찮은 척한다는 데 문제가 있습니다.

우리 아이들에게도 말해 주세요. 선생님도 사실 죄지은 게 너무 많아서 마음이 아프다. 나를 위해 기도해주지 않을래? 그것처럼 수련회 때는 전도사님들과 인솔 교사들이 전심으로 회개하십시오. 교사가 먼저 회개하고 인정하면 아이들 마음이 확 열립니다.

#부모님들은 수련회 보내주세요!

요즘 참 이상한 일은, 믿는 부모님들이 아이들을 수련회에 잘 안 보내주십니다. 우리 김 집사님, 박 집사님, 왜 아이들 안 보내실까요? 그것 때문에 전도사님들이 상처를 많이 받습니다. 교사들이 상처를 많이 받습니다.

안 보내는 이유가 뭔지 아십니까? 갔다 와도 큰 변화가 없다고, 보충수업 진도 따라가야 된다고. 이유를 대시면서 안 보내십니다. 수련회 때 울고불고 회개하고 방언 터지고 그랬던 애들이 며칠 만에 똑같아진다고. 그거 당연하다고 생각합니다. 애들이니까. 영적으로 은혜받았어도 오래 유지하는 건 정말 힘듭니다.

많은 집사님들이 뭐라고 하시냐면 갔다 왔으면 달라져야 되는 거 아니냐고. 그 달라지는 첫 번째를 성적이 오르기를 기대하십니다. 부지런해지기를 바라시고. 애들이 막 개과천선해서 성인군자가 되기를 바라십니다. 그런데 어른들은 부흥회 끝났다고 바뀝니까? 어른들 부흥회 끝났으면 돈 많이 벌어야 될 것 아니에요. 그런데 안 벌리잖아요. 어른들은 안 되면서 아이들에게는 왜 어마어마한 걸 요구하십니까. 큰 기대를 하시면 안 됩니다. 2박 3일 동안만이라도 주님을 사랑하고 왔다는 그 자체에서 만족해주세요.

보충수업 때 수업 진도 나간다고 핑계 대시는 분들에게 말합니다. 3일 동안 수업 안 들으면 진도 못 따라간다고 하셨죠. 그럼 더 솔직하게 말하겠습니다. 그 친구는요, 그거 3일 해도 못 따라갑니다.

부모님들의 마음을 낮추셔야 합니다. 수련회 안 보내는 집사님들 장로님들 계시면 그 아이 인생 내가 책임지겠다는 겁니다. 자녀는 부모의 것이 아닙니다. 자녀는 하나님의 것입니다. 자꾸 내 맘대로 만들면 결국 자녀를 망가뜨릴 수밖에 없습니다.

어린 애들이 장난감 가지고 놀 때, 자꾸 분해하고 조립하면 결국에는 고장 나잖아요. 하나님께서 정말 아름답고 완벽하게 만들었는데 내가 통제하겠다고 수련회 가지 마라, 학원 가라, 과외해라 자꾸 만지면 자녀가 고장 납니다. 내 맘대로 자녀를 만지작거리지 마시고, 하나님께 맡기세요. 완벽하게 애프터서비스 해주십니다.

아이들이 한 번 도전받고 회개했다는 것, 눈물 한 번 흘렸다는 것, 웃을 일이 없는데 웃었다는 것, 게임 말고 말씀과 찬양으로 웃었다는 것. 이것만으로도 이미 균열이 생긴 것입니다. 갔다 오면 아무런 변화도 생기지 않은 것 같지만 그 균열 사이로 은혜의 샘물이 졸졸졸 흐르기 시작합니다. 기다려 주세요. 반드시 이번 여름에 은혜 받은 아이가 5년 후, 3년 후, 1년 후에 새 일을 만들어냅니다. 우리 집, 은혜 받은 아이가 책임집니다.

수련회 후의 습관을
바꿉시다

다 함께 동요 한 곡 불러볼까요? 시냇물은 졸졸졸졸~ 아시죠? 시작. 시
냇물은 졸졸졸졸 고기들은 왔다 갔다. 버들가지 한들한들. 꾀꼬리는 꾀
꼴꾀꼴.

　이 노래에 수련회 후의 습관에 대한 비밀이 담겨있습니다. 시냇물이
졸졸졸졸 깨끗하게 흐르면 고기들이 올까요? 안 올까요? 당연히 옵니다.
물이 깨끗하면 나무가 잘 자라요? 안 자라요? 잘 자랍니다. 나무가 잘 자
라면 새들이 와요? 안 와요? 새들이 옵니다. 우리가 수련회 가서 은혜를
받으면 물이 깨끗한 상태로 변하지 않았습니까? 그때부터는 수질 관리
하셔야 합니다.

　수련회 때 물이 깨끗해졌는데 집에 가자마자 학교에 가자마자 오염폐
수가 막 들어옵니다. 그러면 물고기처럼 왔던 성령의 은혜, 찬양의 기쁨,

기도의 눈물이 다 사라지고 죽어버립니다. 수련회 끝나고 일주일만 지나면 제 싸이에 친구들이 글을 막 남깁니다. 기도가 안 돼요. 찬양이 안 돼요. 마음이 곤고해요. 물이 오염되기 시작합니다. 공부도 안되고, 집안에도 자꾸 안 좋은 일만 생기고, 좋은 일이 날아오다가 사라지게 됩니다.

그러니까 수련회 후에는 반드시 수질 관리하는 것처럼 은혜 관리하셔야 됩니다. 그러지 않으면 물고기도 죽고 나무도 죽고 새들도 죽습니다. 수련회 후의 습관을 확실하게 바꿀 수 있는 비밀 속으로 들어가 봅시다.

#인정하면 지는 거다

수련회 때 받은 은혜는 오래 못 갑니다. 며칠 정도 가요? 평균 일주일, 이주일. 요즘 들어 3일로 짧아졌다고도 합니다. 오래가는 친구가 한 달. 집에 가자마자 성적표 와서 집이 뒤집어진 친구들. 폐회예배 마치고 나가서 주차장에서 봉고차 자리 싸움하는 친구들. 이번 여름에 더 짧은 친구를 봤습니다. 폐회 예배 때 정말 은혜 받고 눈물 흘리고 나갔다가 슬리퍼 잃어버린 친구들. 내꺼 누가 신고 갔어? 순간 욱해서 은혜가 싹 사라집니다. 화내다가 은혜 까먹는 친구들이 많습니다. 잘 생각해봅시다. 수련회 때 받은 은혜가 며칠 가나. 그걸 당연하게 인정한다는 게 문제입니다.

수련회 끝나고 은혜 까먹는 짓을 한 번 합니다. 피씨방을 가거나, 담배를 피우거나, 음란물을 본다든지. 한 번 딱 까먹는 짓을 했을 때 거기서 인정하면 안 됩니다. 내가 다시 회개해야지. 내가 다시 예배드려야지. 그런데 거기서 어쩔 수 없지. 내가 그렇지 뭐. 수련회 때 은혜 받는 거 한두 번이냐. 내년 겨울 또 있는데 뭐. 이렇게 되면 다 사라집니다.

2009년 슬럼프에 빠진 박태환 선수는 로마 세계선수권에서 메달을 하나도 따지 못했습니다. 결선에 오른 종목조차도 없었습니다. 속상하고 힘들지만, 다음 경기를 더 열심히 준비했습니다. 내년에 다시 도전하면 된다는 마음으로 최선을 다해 연습했습니다. 노력한 결과, 2010년 광저우 아시안게임에서 자유형 100m, 200m, 400m에서 금메달을 획득하고 3관왕을 달성하며 새롭게 도약하게 됩니다.

나는 안 되나 보다 하고 인정하는 순간 마귀가 확 역사합니다. 은혜 며칠 못 간다고 인정하지 마세요. 주님께서는 여러분이 할 수 있게 하십니다.

#광풍이 온다, 예수님을 깨우자

예수님이 사역 마치고 배에서 주무셨을 때, 갑자기 큰 광풍이 휘몰아친 일이 있었습니다. 광풍이 오니까 제자들이 놀라서 소리를 지르면서 난리를 칩니다. 예수님을 막 깨웁니다. 예수님은 바람과 바다를 꾸짖으시면서 잠잠하라, 고요하라 화를 내십니다. 예수님이 바다와 바람만 꾸짖으신 걸까요? 사실은 제자들을 꾸짖으신 겁니다. 잠잠하라, 고요하라. 광풍은 반드시 오게 되어있습니다. 그 배에 예수님이 계시더라도 광풍은 반드시 옵니다.

많은 친구들이 수련회 끝나고 은혜받고 가면 만사형통인 줄 압니다. 집에 가면 엄마가 천사로 변하고, 공부만 하면 성적이 막 오를 거라고 기대합니다. 하지만 만사형통은 반드시 광풍을 건너야 됩니다. 그게 아닙니다. 예수님은 제자들에게 그 광풍을 이기라고 하세요. 광풍을 만났을 때 우리가 해야 할 일은 예수님을 깨우기만 하면 됩니다. 예수님을 깨우면 예수님이 바람도 바다도 꾸짖으시고 잠잠하라, 고요하라 하시면 결국 잠잠해집니다.

우리 학생들 청년들. 은혜받고 광풍이 몰아쳐도 당황하지 마세요. 예수님을 깨우세요. 그럴 때 더 열심히 기도하고, 더 기뻐하고, 더 열심히 공부하고, 더 감사하세요. 예수님을 깨우고 그 말씀 잘 들으면 광풍은 어느새 사라져버립니다.

#뜽개는 짖어도 기차는 달린다

기찻길 옆 오막살이 아기아기 잘도 잔다. 칙폭 칙칙 폭폭. 기차 소리 요란해도 아기들은 잘 잡니다. 왜 그럴까요? 아기는 마음이 편하니까. 이래도 좋고 저래도 좋으니까. 기차 소리도 자장가로 들립니다. 우리 마음의 상태가 지금 어떠냐에 따라 주변 환경이나 세상의 소리가 다르게 들릴 수 있습니다. 수련회 끝나고 일상으로 돌아오면 많은 일들이 생기지만 우리는 그런 일들에 요동하면 안 됩니다. 그래서 마음의 평정심이 필요합니다.

기차가 가고 있는데 옆에서 뜽개가 막 짖는 거예요. 그러면 기차가 설까요? 안 설까요? 당연히 안 섭니다. 뜽개는 짖어도 기차는 달린다! 옆에서 뭐가 짖어도 기차는 갑니다. 은혜 받고 은혜열차 달리고 있을 때 옆에서 사방팔방 짖습니다. 네가 그런다고 되냐. 네가 변했다고 그게 얼마 가냐. 니가 게임 끊는다고 담배 끊는다고 끊겠냐. 옆에서 왈왈왈 짖습니다. 그때 열 받는다고 기차 딱 세우고 내려가서 싸우면 손해만 봅니다. 기차 섰으니 다시 가는 것도 힘들지, 손님들도 열받지, 정착지에 제시간에 못 가지. 나만 손해 봐요. 옆에서 아무리 짖어도 욕을 하더라도 기차는 그냥 자기 갈 길 가면 됩니다.

수련회에서 은혜 받고 결심하면 기차 세울 소리 많이 듣잖아요. 그런 소리를 들어도 은혜의 바다로 그냥 달리세요. 서지 말고 가야 됩니다. 어휴, 포기하고 만다. 놓아버리면 그 순간 기차가 멈춥니다.

우리에게는 지금 고등학교가 종착역이 아닙니다. 대학교도 종착역이 아닙니다. 하나님이 원하시는 놀라운 종착역이 우리에게는 있습니다. 그때까지 서지 말고 가야됩니다. 달려야 됩니다. 슬럼프도 있고, 어려움도 있겠지만 가다 보면 대박 터집니다. 주님께 멋지게 영광 돌리는 우리들의 모습을 상상하며 오늘도 멋지게 달려 볼까요. 똥개는 짖어도 기차는 달린다!

수련회 마치면 은혜 받고 도전받고 비전이 생깁니다. 저는 의사가 될 거예요. 선교사가 될 거예요. 선생님이 될 거예요. 목사님이 될 거예요. 많은 꿈이 생겼는데 그 꿈을 이루기 위해 길이 너무 멀어요. 그래도 끝까지 묵묵히 가십시오. 반드시 10년 후, 여러분이 그 자리에 있을 겁니다. 한 걸음 한 걸음 걸어서 가다가 그곳에서 기쁨으로 다시 만날 날을 기대합니다. 축복합니다.

생각의 습관을
바꿉시다

#생각의 보디가드, 성령님

끼리끼리라는 말이 있습니다. 우리는 우리 안에 안 좋은 생각들을 가지고 있기 때문에 누군가의 안 좋은 생각을 들으면 자석이 붙듯이 그 생각을 가져오게 됩니다.

정신 차리자! 정신 차리자! 정신 차리자! 크게 세 번 외치시고, 남들이 말하는 안 좋은 생각은 절대 내 마음속에 가져오지 마세요.

피씨방 좋아하는 친구들은 피씨방 가면 욕을 배워옵니다. 예전에 피씨방에 잠깐 글 쓰러 갔다가 초딩 4학년 되는 분들 옆에서 위협을 느낀 적이 있습니다. 어찌나 다양한 욕설을 과격하게 하시던지 옆에서 앉아 있다가 한 대 맞을 것 같아서 빨리 일어나서 나왔습니다. 그 친구들이 폭력적인 게임을 하니까 그런 생각들이 들어가서 욕이 자연스럽게 나옵니다. 이 친구들을 위한 생각의 보호벽이나 차단막이 있었으면 좋겠다는 생각이 들었습니다.

나쁜 생각들을 막는 생각의 보디가드. 그 보디가드는 누가 하시겠어요? 바로 성령님이십니다. 날마다 주와 함께 성령님께서 우리 생각의 보디가드가 되어주시면, 안 좋은 생각이 들어올 때쯤 "우현아!" 불러주시면 화들짝 놀라며 번쩍 정신 차리게 되는 것입니다. 성령님께서 우리 생각의 보디가드 되어주시길 오늘부터 기도합시다.

#대화할 땐 좋은 것만 쏙쏙~

우리는 대화를 통해 생각을 하게 됩니다. 좋은 대화를 나누고 기쁜 대화를 나누고 밝은 대화를 나누면 나에게 좋은 생각이 들어오고 기쁜 생각이 들어오고 밝은 생각이 들어옵니다. 반대로 어두운 대화를 나누고 화나는 대화를 나누고 슬픈 대화를 나누면 그 대화 때문에 어두움이 몰려오고 화가 나고 우울해집니다.

오늘도 우리는 많은 대화를 나누는데, 그 수많은 대화를 다 생각할 필요는 없습니다. 아닌 건 지우세요. 우리가 대화를 하면 지저분한 대화가 많습니다. 불필요한 대화도 많고, 그런 걸 다 기억할 필요 없고, 좋은 것만 쏙쏙 뽑아서 기억을 하십시오. 대화를 나누면 그 감정이 전해져옵니다. 안 좋은 이야기를 하면 안 좋은 감정이 전해지니까 대화를 정리하는 습관을 들일 필요가 있습니다.

하나님 앞에서 뚜렷한 주관을 가지고 분별해야 합니다. 나의 주관을 밝음, 기쁨, 하나님 기뻐하시는 기준으로 정확하게 갖고, 그 사람 말 중에서 필요 없는 것들은 싹싹 지워버리고 필요 있는 것만 남기세요. 자기중심적이고 이기적으로 하는 게 아니라 하나님 은혜 안에서 모든 대화를 은혜의 대화만 남길 수 있는 좋은 습관이 좋은 생각을 만들어 갑니다.

#잊어버림의 은혜

잊어버리지 못하는 기억 때문에 생각의 늪에서 빠져나오지 못하는 사람들이 많습니다. 어렸을 때의 상처, 가정의 아픔, 학교에서의 나쁜 기억들. 오래된 기억이 우리를 붙잡고 괴롭히는 거죠. 물론 잊지 말아야 할 기억은 있지만 그런 기억은 다짐하면 되고, 잊어야 할 것들은 빨리빨리 잊어버리는 게 좋습니다.

초등학교 때의 기억 때문에 미래를 망치면 되겠어요? 고등학교 때 기억 때문에 미래를 망치면 되겠어요? 사탄은 우리를 기억의 늪에서 못 빠져나오게 합니다. 그런데 예수님은 묶인 것들을 끊어버리고 담을 뛰어넘는다 하십니다. 우리가 생각의 담을 뛰어넘어서 깨끗하게 잊어야 될 것들을 잊어버릴 수 있도록 간구하세요.

김연아 선수는 피겨 연습하면서 2000번 넘게 넘어졌다고 합니다. 얼음판 위에서 얼마나 아팠겠어요. 그렇지만 다시 일어납니다. 세계적인 경기에 출전해서 수많은 관중들 앞에서 넘어져도 벌떡 일어납니다. 김연아 선수가 넘어져도 다시 일어나는 이유는 넘어져도 일어나면 다가오는 좋은 열매, 좋은 상급이 있기 때문입니다. 그런데 우리는 한 번 넘어진 것 때문에 끝났다. 못 하겠다. 포기하잖아요. 잊어버리세요. 안 좋고 힘들었던 일은 다 잊어버리고 새롭게 시작하십시오. 오늘 우리가 주님 앞에서 더 잊어야 할 것이 무엇일까 생각해보세요. 잊는 것도 은혜입니다.

신앙생활 잘하는 사람은 살면 살수록 점점 떨 해지는 것 같습니다. 우리 스승은 저에게 늘 좀 더 떨 해지라고 말씀하십니다. 머리가 좋은 사람은 안 좋은 거 있어도 좋은 척하고, 슬픈 일 있으면서 기쁜 척하고, 힘들면서도 안 힘든 척하고, 척만 한다는 거죠. 근데 옛날에 보면 약간 떨떨한 사람은 진짜 안 좋은 일 있었는데도 좋아합니다. 힘든 일 있었는데도 잊어버리고 배고파도 잊어버립니다. 그게 좀 바보 같고 멍청이 같지만, 오히려 더 기쁘게 사는 비결입니다.

다윗 보세요. 왕인데도 다 잊어버립니다. 바지가 벗겨지도록 춤을 춥니다. 그때 미갈이 옆에서 비웃습니다. 왕이 왜 저러냐. 떨 하다. 욥 보세요. 다 없어졌는데도 주신 이도 여호와시고, 취하신 이도 여호와시니. 그 고백 자체가 떨 한 겁니다. 좀 더 떨 해져야 우리가 주님만으로 더 기뻐할 수 있습니다.

#기뻐하라

구약을 하나로 짝 모으면 뭐가 된다고 했죠? 두려워 말라. 내가 너와 함께 하겠다. 신약을 하나로 확 줄여버리면 염려하지 말라. 내가 너와 함께 하겠다. 지금은 성령시대입니다.

성령시대를 하나로 확 줄이면 기뻐하라. 우리가 할 일은 기뻐하는 것입니다. 어떤 모진 환란과 고통이 와도 기뻐하세요.

찬양이 언제나 넘치면 은혜로 얼굴이 환해요. 라는 찬양 아시죠? 그런데 요즘 사람들 많이 환할까요? 화낼까요? 중고등부 아이들 주일날 교회 오면 환해요? 화내요? 화난 얼굴이 압도적으로 많습니다. 삶의 습관이 어두운 생각에서 못 빠져나오니까 화난 얼굴이 우리를 주관합니다. 찬양을 들어도 이왕이면 기쁜 찬송을 많이 들으세요.

아무리 유명한 선수라도 화난 상태, 우울한 상태, 짜증 난 상태면 플레이가 내 맘대로 안 됩니다. 그런데 애기랑 아내랑 경기장에 오면 홈런 칩니다. 애기 안고 아내가 축구장에 응원 오면 골 넣습니다. 이상하게 기뻐요. 이상하게 일이 잘 풀립니다.

오늘 나의 생각이 기쁨인지 슬픔인지 돌아보세요. 무엇보다 주를 향한 마음과 생각이 언제나 기쁨으로 가득 차는 것만이 최상입니다. 나의 생각 중에서 특히 안 좋은 생각, 힘든 생각, 슬픈 생각은 빨리 버리세요.

고민 많이 해서 기쁨이 온다면 고민 삼창 합시다. 그런데 고민 삼창으로 절대 기쁨이 오지 않습니다. 짜증 부려서 기쁨이 온다면 짜증 삼창합시다. 그런데 짜증 부려서 절대 기쁨이 오지 않습니다. 오직 우리에게는 감사 삼창, 주여 삼창, 행복 삼창, 잘 될 거야. 괜찮아. 그 생각으로 기쁨이 옵니다. 생각을 바꾸지 않으면 절대 기쁨이 찾아오지 않습니다. 기쁨이 찾아오지 않으면 미래가 기쁘지 않습니다. 기쁨의 생각을 만들어야 반드시 미래에 기쁨의 날들이 찾아옵니다.

#보고 듣는 것이 만들어 가는 나의 생각

지금 무엇을 보느냐 듣느냐가 나의 생각을 결정합니다. 세상적인 가치관을 주는 것을 보면 세상적인 생각으로 점점 가득하게 되니 욕심이 들어갈 수밖에 없고 미움이 들어갈 수밖에 없습니다. 생각의 습관을 바꾸기 위해 무엇을 보느냐 듣느냐 결정할 때 하나님의 것들을 보고 듣기 위해 노력하셔야 됩니다.

우리가 뭔가 도전적이고 긍정적인 좋은 생각을 하면 꼭 그 생각에 얼룩이 될 만한 뭔가가 떨어집니다. 그걸 조심하셔야 돼요. 생각 관리를 하셔야 합니다. 텔레비전 아무거나 막 보고, 게임도 죽이는 거 다 하고, 그러니까 절대 깨끗해질 수가 없습니다. 좋은 습관을 만들려면 내 생각 속에 얼룩이 생길 만한 것을 막으셔야 합니다.

예전에 최홍만 씨 경기하는 거 보다가 깜빡 잠이 든 적이 있었습니다. 깜빡 잠이 들었는데 밤새도록 최홍만 씨한테 니킥 맞으면서 꿈자리가 어찌나 어수선했던지. 뭔가를 틀어놓고 자면 그 속으로 내가 들어가게 됩니다. 영화 속으로, 드라마 속으로, 음악 속으로. 그래서 슬픈 부분에서는 슬퍼지고, 무서운 부분에서는 무서워지고 악하고 음란한 것을 보면 안 좋은 생각에 사로잡히게 됩니다.

#묵상의 습관으로 생각 정리

제가 제일 중요한 습관으로 갖고 있는 게 자기 전에 항상 찬양을 틀어놓습니다. 우리 아이가 자기 전에도 씻고 누우면 자자 말하면서 그 찬양을 틀어줍니다. 그 찬양이 두 곡 정도 끝날 때쯤이면 아이가 잠들게 됩니다.

    내 마음을 평안하게 해주는 찬양을 들으며 마음을 차분하게 하는 습관. 주로 찬양을 들으며 묵상을 합니다. 강의하러 가거나 집회를 하러 갈 때도 꼭 듣는 찬양이 있어요. 차 안에서 일단 그 찬양을 들으며 묵상을 하고 시작합니다. 심지가 있는 묵상의 습관을 가지기 위해 찬양을 통해서 말씀을 통해서 묵상의 시간을 꼭 가지세요. 작은 묵상의 습관이 내 생각을 만들어 가고 내 미래를 바꿀 수 있습니다.

성품의 습관을
바꿉시다

#오래가는 성품

좋은 스승님과 좋은 제자가 있었답니다. 제자가 스승님이 돌아가시기 마지막 전날, 마지막으로 한 가지만 가르쳐주십시오. 그러니까 그분이 말을 잘 못 하십니다. 돌아가시기 전이니까. 그런데 스승님이 이를 보여주시면서 보이느냐? 안 보입니다. 죽을 때가 됐으니까 이가 다 빠졌습니다. 혀를 보이시며 보이느냐? 보입니다. 그러니 스승님이 알겠느냐? 알겠습니다. 하고 돌아가셨대요. 무슨 뜻일까요? 이는 살아 있는 동안에 딱딱하고 강한데 마지막에 가서 다 빠져버리고, 혀는 물렁물렁하고 부드러운 것 같은데 마지막까지 붙어있습니다. 스승님의 마지막 가르침은 너무 강하게 살지 마라. 네가 다할 것 같고 네가 모든 것을 다 이길 것 같은 자만심이 있어도 강한 것은 마지막 순간에 다 사라지고, 약한 것은 마지막까지 남아 있다는 가르침입니다.

사울은 맨날 내가 하겠다고 내가 하겠다고 했지만 오래가지 못하는 왕이 되었고, 다윗은 나는 못 한다고 나는 못 한다고 맨날 울었지만, 마지막까지 롱런했던 왕이 되었습니다. 오래가는 성품을 갖기 위해 오늘은 성품의 습관을 팍팍 바꿔봅시다.

#정확하게 혼나자

많은 운동선수들이 2년차 징크스가 있는데 그 이유가 1년차 때에는 죽도록 훈련하고 연습하고 최선을 다하는데, 2년차가 되면 약간 게을러집니다. 했던 거라고, 잘하는 거라고 게을러지니까 2년차 슬럼프에 빠진답니다. 슬럼프에 빠질 때는 누구에게 혼나느냐가 중요합니다. 좋은 스승님이 계셔서 눈물 쏙 빠지게 혼나야 됩니다.

우리가 사랑의 예수님, 인자한 예수님 떠올리지만, 예수님 한 번 화나시면 무섭습니다. 성전에서 장사하는 사람들 대화 전에 엎어버리십니다. 그리고 제일 사랑스러운 수제자 베드로에게 이 사단아! 혼내십니다. 베드로가 얼마나 민망했겠어요. 나쁜 소리 한 것도 아니고 주님 죽으시면 안 된다고 생각해서 말했는데 주님 뜻에 안 맞으니까 혼내십니다. 그것처럼 주님은 아닌 건 아니에요. 성품을 바꾸려면 정확하게 혼나야 됩니다. 혼나지 않으면 변화가 오지 않습니다.

우리 교회 중고등부는 어떤가요? 예배시간에 맨날 졸고 문자하고 장난치는데도 선생님들이나 전도사님들이 이제 그냥 둡니다. 왜냐면 집사님 자녀들, 장로님 자녀들이니까. 그렇게 내버려 두다가 결국 마지막까지 가게 됩니다. 마지막까지 안 가려면 애들이 대들더라도 반항하더라도 아닌 건 아니라고 가르쳐야 합니다.

수학 구구단 못하면 인수분해 못 합니다. 일단 신앙생활의 구구단을 가르쳐야 되는데 쟤는 교회 5년 나왔어. 그래도 쟤는 예배는 드리잖아. 쟤는 장로님 아들이잖아. 이런 이유로 그냥 넘어가면 애들 다 버립니다.

사실 장로님이 먼저 선생님께 우리 애는 잘 자라야 되니까 안 좋은 습관이 있으면 따끔하게 혼내 주십시오. 잘 지도해주십시오. 먼저 말씀하셔서 집중적으로 가르침을 받아야 됩니다. 잘 가르쳐달라고 부탁하세요. 사실 부모님들이 잘 압니다. 내 자녀들이 버릇이 없다는 것, 예의가 없다는 것.

그런데 부모님들이 알면서도 못 고칩니다. 내 자식이 귀해서. 무조건 정확하게 혼나고, 정확하게 고백을 해야 합니다. 그럴 때 그 사람의 성품은 바뀔 수 있습니다. 성품이 바뀌는 첫 번째 습관은 바로 정확하게 혼나야 된다는 것!

#진심으로 고백하기

빨리 말하는 사람들의 특징이 뭘까요? 뭐든지 급합니다. 입 밖으로 말이 빨리 나오는 사람들의 특징은 빨리 변합니다. 빨리 말하고, 빨리 변하는 신앙을 바로 냄비 신앙이라고 합니다.

너무 쉽게 고백하는 사람들이 있습니다. 나는 이제 주님만을 위해 살 거예요. 나는 찬양 사역을 할 거예요. 나는 선교를 할 거예요. 너무 쉽게 고백하는 사람은 쉽게 변합니다. 주님만을 위해 살 거라면서 예배시간에 지각하고, 찬양 사역을 할 거라면서 찬양팀 하다가 삐져서 그만두고, 내일부터 하루 열 시간씩 공부할 거야 말해놓고 하루도 못 하고 좌절하고. 우리가 그렇습니다. 쉽게 말하고 쉽게 바뀌고, 쉽게 말하고 쉽게 변하고, 쉽게 고백하고 쉽게 안 지키는 우리의 성품. 이 성품을 바꾸려면 진심 어린 마음이 필요합니다.

진심이 들어가면 쉽게 말할 수 없습니다. 진심 어린 사랑은 빨리 고백 못 합니다. 오늘 만났는데 내일 사랑 고백을 한다는 건 말이 안 됩니다. 수련회 가서도 너무 울고불고 회개한 친구들. 정말 좋은데 너무 순간적으로 나 완전히 변했어요, 하는 친구들. 회개는 시작입니다. 백 마디 만 마디 말보다 한마디의 진심 어린 회개가 더 중요합니다. 진심으로 회개하고 내 행동과 마음가짐과 언어를 주님이 기뻐하시도록 변화시켜야 합니다. 변화가 열매로 나타나는 것이 진짜 회개입니다.

#살리고 살리고

사도 바울이 사울이었을 때 어떤 사람이었는지 기억하시죠? 예수님 믿는 사람들을 죽이는 사람이었습니다. 그런데 진심 어린 만남, 진심 어린 회개를 통해 변화되고 나는 날마다 죽노라 고백이 터집니다. 회개의 대표주자로 변하게 됩니다.

우리도 성품이 변하지 않으면 날마다 누군가를 죽입니다. 칼로 사람을 죽이는 게 아니라 내 성격으로 내 날카로움으로 내 말로 사람을 죽입니다. 자기 딴에는 쿨하다고 생각하고 얘기하는데 친구들은 상처를 받습니다. 관계에 대해서도 한 걸음만 가고 두세 걸음 안 가는 자기만 쿨한 사람들. 남들은 생각하지 않고 나는 안 죽고 남을 죽이는 사람들이 있습니다. 얼마 전에 누군가가 저한테 쿨하게 한마디 했어요. 틀린 말은 아닐 수 있는데, 그 쿨한 한 마디가 제 가슴을 찔렀습니다. 그 말에 가슴을 확 맞으니까 어떤 변화가 생기냐면 가슴에 심장은 살아 있는데 뛰지 않습니다. 눈물샘은 있는데 눈물이 나오지 않습니다. 너무 다쳐서. 그걸 회복하는데 2주 정도 걸렸습니다.

쉽게 던진 말 한마디지만 우리는 그 정도로 고통을 겪고 그걸 빼내기 위해서 아픔을 경험하게 됩니다. 우리가 사람을 아프게 하는 사람이 아니라 예수님처럼 사람을 살리는 사람으로 변화되기 위해서는 내 자아를 죽여서 남을 살리려는 노력이 반드시 필요합니다. 나는 날마다 죽고 우리의 말과 행동으로 날마다 누군가를 살릴 수 있는 변화의 날이 속히 오기를 기대하며 기도하겠습니다. 모두 승리합시다!

행복의 습관을
바꿉시다

기쁨과 감사가 넘치면 인간 승리라고 말할 수 있습니다. 마라톤에서 1등 하고도 감사하지 않을 수 있지만, 꼴찌하고도 감사할 수 있습니다. 기쁨과 감사가 넘치는 사람은 감사드리고 하나님께 영광을 돌립니다. 그런 사람이 진짜 행복한 사람이 아니겠습니까.

생활의 승리자는 풍성할 때는 자긍하고, 빈궁할 때에도 실망하지 않는 사람. 신앙의 승리자는 배우고, 배웠노니, 배웠노라. 신앙의 승리자는 앞으로도 계속 배우는 사람. 오늘도 배워가는 사람. 이런 사람들이 바로 행복의 주인공입니다.

우리는 모두 행복하게 살고 싶어 합니다. 요즘 많은 사람들이 자살하는 것도 행복하지 않아서, 불행해서가 아닐까. 그렇다면 우리는 어떻게 살아야 행복할까요?

#사람들 말에 속지 마세요

이 약 한 번 먹어봐. 다 낫는다는데 먹어보면 안 낫습니다. 클릭 한 번에 인생이 바뀝니다. 클릭해보면 인생 절대 안 바뀝니다. 우리는 수많은 사람들의 말에 낚입니다. 한 번이면 된다는 한탕주의. 행복에는 절대 한탕주의가 통하지 않습니다.

인터넷을 볼까요? 많은 사람들이 거짓말을 진짜처럼 글을 올립니다. 나중에 범인을 잡으면 초등학생이거나 개념 없는 어른입니다. 장난인데. 아님 말고. 그런데 그 소문은 벌써 전국으로 퍼져버렸어요. 거짓말로 한 사람의 인생을 망쳐놓고서 미안한 줄도 모릅니다. 재미로 관심 끌려고 한 사람의 인생을 망치는 일을 저지릅니다.

많은 사람들이 행복에 대해 잘못 생각하고 있습니다. 돈이 많으면 행복하다고, 좋은 대학에 가면 행복하다고, 그렇지만 우리들의 행복은 차원이 다릅니다.

천국과 지옥에 대한 예화 하나. 천국과 지옥은 복도가 같다고 합니다. 복도에 있는 하늘, 복도에 있는 구름, 복도에 있는 창문. 천국과 지옥은 모든 것이 똑같은데 어떤 게 다를까요? 천국 사람들은 우리 집 너무 좋아. 오늘 하늘 너무 예뻐. 너무 맛있다. 천국 사람들은 모든 것을 누리고 만족하는 사람들. 그런데 지옥에 사는 사람들은 오늘 날씨가 왜 이렇게 우중충해. 집이 왜 이렇게 작아. 맨날 불평하며 내 것이 부족하다고 느끼는 사람들이라고 합니다.

진짜 행복한 사람은 예수님만으로도 너무 감사해요. 우리 교회가 있어서 너무 좋아. 이렇게 뭐든 감사하는 사람입니다. 남들이 말하는 행복에 속아서 질질 끌려다니지 마세요. 우리들의 행복. 정확하게 기억합시다.

#행복을 망치는 탕자의 습관

탕자는 행복을 찾아 떠납니다. 탕자가 원한 행복은 혼자만의 자유로움, 물질의 여유로움. 아버지 유산 받아서 행복하게 살겠다고 떵떵거리며 떠났다가 어떻게 됐나요? 쪽박 차고 돌아옵니다. 탕자의 습관을 버려야 진정한 행복을 찾을 수 있습니다. 그럼 탕자가 되는 징조를 먼저 알려드릴테니까 내가 속하는지 아닌지 확인해보세요.

탕자의 첫 번째 징조, 내 고집을 꺾지 않는다. 탕자가 될 사람은 절대 어른 말을 안 듣습니다. 내 생각엔 돈을 좀 더 받아야 될 것 같아. 내 생각엔 독립해야 될 것 같아. 내 생각엔 나가야 될 것 같아. 고집부리는 사람들이 탕자가 될 징조를 보이는 사람들입니다. 일단 고집부리기 시작하는 그때부터 나는 탕자가 될 가능성이 있습니다.

두 번째, 내 아집을 꺾지 않습니다. 쉽게 말하면 내가 싫으면 예배가 싫어요. 내가 싫으면 교회도 싫어요. 이기심과 질투, 주관적인 아집을 막 부립니다. 내가 싫다고 다 싫은 게 아니고, 내가 나쁘다고 다 나쁜 게 아닌데 억지를 부립니다. 탕자랑 똑같아요. 내가 싫다고 아버지의 충고, 형의 충고 다 거절하고 자기 뜻대로 떠나버리잖아요.

세 번째, 욕심을 따라 삽니다. 욕심을 버리면 행복해집니다. 그런데 세상 사람들이 그 욕심을 못 버립니다. 탕자는 일단 욕심이 많아요. 자기 욕심 따라가다가 결국은 쪽박 차는 겁니다. 마지막 네 번째 징조는 바로 영적인 빈곤. 곤고합니다. 하고 싶은 대로 다 이루었는데 행복을 못 느끼게 됩니다. 예배를 잘 안 드리고 좋은 대학 들어갔습니다. 그런데 대학 간다고 다 행복한 것은 절대 아닙니다. 주님과 멀어지면 예배가 어색하고, 수련회 가면 왠지 손님 같고. 은혜 다 잃어버리고 행복도 잃어버립니다.

이 네 가지 중 진행형이 있다면 탕자가 될 확률이 상당히 높으니 다 같이 외칩시다. 정신 차리자! 정신 차리자! 정신 차리자!

#우리가 돌아가야 할 곳

행복을 찾고 싶으시죠? 행복을 찾으려면 지금 내 위치가 어딘지를 알아야 됩니다. 탕자는 자기 위치를 알았습니다. 정신을 차렸을 때, 쪽박 찼을 때, 쥐엄 열매를 먹고 있을 때. 자기 고집 부리고, 아집 부리고, 성질부리고, 욕심부리고 갔다가 완전히 망한 다음에 정신 차려보니 자기가 거지 같은 신세가 되었어요. 거기서 자신의 위치를 정확하게 깨닫게 됩니다.

위치를 깨달은 다음에 탕자가 어떻게 하죠? 돌아갑니다. 아버지 품으로 돌아갑니다. 탕자가 행복을 다시 찾은 비결은 돌아감입니다. 우리가 진짜 행복을 찾기 위해 돌아가야 될 그곳이 어디입니까? 저 하늘나라, 하나님의 품이 아니겠습니까?

영적인 궁핍함이 있는 상태에서는 돈으로 안 됩니다. 옷으로도 안 됩니다. 영적인 궁핍함은 오직 영적인 행복으로만 찾을 수 있습니다. 하나님 품에서 최상의 행복을 마음껏 누리는 주인공, 바로 당신입니다.

평안의 습관을
바꿉시다

척 보면 알 수 있습니다. 누가 평안한지, 누가 안 평안한지. 어떻게 알 수 있냐. 얼굴 자체가 평안한 얼굴이 있고, 불안한 얼굴이 있습니다. 믿는 사람의 가장 중요한 특징은 평안한 얼굴입니다. 믿는 사람은 마지막에도 딱 보면 알 수 있다고 합니다. 믿는 분들이 하나님께로 가실 때에는 평안한 얼굴이래요. 주님이 포근히 안고 가시니까. 그런데 안 믿는 분들은 약간 무섭게 가신답니다.

예전에 사형수 전도하시는 장로님 간증을 들었습니다. 사형 수 중에서 믿는 분들은 마지막에 평안한 얼굴로 찬양을 하며 가시는데, 안 믿는 분들은 평안했다가도 마지막 순간이 되면 얼굴이 일그러지면서 무서움과 두려움으로 가득 차서 가신대요.

평안하지 않은 사람들, 불안한 사람들은 뭔가에 몰입을 못합니다. 말씀을 들어도 말씀을 제대로 못 듣습니다. 찬양을 해도 찬양 가사가 생각이 안 나고, 기도를 하고도 내가 지금 무슨 말을 하는지 모릅니다. 항상 마음속에 불안이 있으니까. 불안을 버리고 평안을 얻기 위해 우리들이 바꾸어야 할 습관들, 하나하나 알아봅시다.

#두려움과 걱정이 노크하면 믿음으로 이겨내세요

무당의 특징이 뭔지 아십니까. 맨날 무서운 얘기만 합니다. 맨 날 무서워. 뭐 하래요. 이사 가래요. 못 박지 말래요. 무당은 무서움을 줍니다. 우리 주님의 특징은, 성령님의 특징은 위로와 기쁨과 빛을 뿌려줍니다. 우리를 기가 막힌 웅덩이에서도 건지시는 분, 그분이 바로 우리 주님이십니다.

살다 보면 사실 별별 두려움이 다 생깁니다. 아이티에서 지진 났다는 뉴스만 봐도 무섭습니다. 공포 영화는 말할 것도 없고. 학생들은 공부하면서도 성적 떨어지면 어쩌지. 대학 떨어지면 어쩌지. 두려워합니다.

저는 징검다리선교회 15년째 하고 있습니다. 친구나 선배들 중에 너 아직도 징검다리 하니? 저를 만나면 이런 이야기를 하시는 분들이 많습니다. 잠깐 하다 그만둘 줄 알았는데 의외라고. 청소년 사역으로는 먹고 살기 힘들다. 청소년 사역으로는 오래 못 간다. 빚만 진다. 사역자들 사이에는 그런 고정관념이 있으니까. 그래서 제가 늘 하는 '인사가 우리 아직 안 망했다니까요'였습니다.

그런데 그런 말을 자꾸 들으니까 가끔 걱정될 때도 있습니다. 내가 청소년 사역을 평생 할 수 있을까? 먹고 살 수 있을까? 그럴 때마다 기도하면 쓸데없는 걱정하지 마라. 확실하게 응답하십니다. 기도하면 돼? 됩니다. 걱정하지 마세요. 그래야 평안의 습관을 가질 수 있습니다.

#교만이 노크할 때는 겸손이 보약

평안하지 않은 사람들의 또 하나의 특징은 교만이 노크를 합니다. 재벌 회장님 뉴스에 나올 때 보면 얼굴에 웃음이 없습니다. 얼굴에 목에 모든 마음에 교만이 가득 차 있으니까 웃음이 생길 수가 없습니다. 교만은 웃음을 사라지게 만드는 지우개입니다.

지금 누구와 어울려 말을 나누느냐를 보면 내가 교만한지 겸손한지 알 수 있습니다. 어린아이에게는 어린아이처럼 낮아지는 모습으로 다가가서 대화를 해야 하고, 슬픈 사람에게는 위로를 전해 줘야 되는데. 너 아픈 거 이유가 있어서야. 자꾸 안 되는 건 니가 잘못해서야. 절대 그러면 안 됩니다. 아픈 사람에게는 약을 줘야지 슬픈데 더 슬픔을 주는 사람들이 꼭 있습니다. 교만한 사람들이 그런 행동을 합니다.

평안한 사람들은 내가 먼저 도와주고, 내가 먼저 섬겨주고, 누군가가 실수할 수 있어도 기쁨으로 받아주며 겸손하게 살아갑니다. 교만한 마음은 언제든지 올 수 있습니다.

그러니까 우리는 교만한 걸 인정하고, 주님 제가 부족합니다. 겸손하게 더 낮아집시다. 우리가 겸손하게 섬길 때 하나님께서는 우리에게 평안을 넘치도록 채우십니다. 겸손이 평안의 보약입니다. 꼭 기억하세요.

꿈의 습관을
바꿉시다

요즘 청소년들에게 꿈이 뭐예요? 물어보면 대부분이 직장을 말합니다. 대학 원서를 낼 때도 점수 높은 대학, 취업 잘 되는 대학, 인기 많은 대학. 과는 별로 중요하지 않게 생각하는 친구들도 있습니다. 많은 십대들이 괜찮은 대학에 가고, 좋은 직장에 가고, 결혼을 하고, 돈 많이 벌고 싶은 게 꿈이라고 합니다.

그런데 돈이 많다고 행복해질까요? 물론 사는데 편해지는 건 사실입니다. 하지만 돈이 아무리 많아도 행복하지 않은 사람들도 많이 봤습니다. 내가 정말 좋아하는 일, 내가 정말 잘하는 일, 그리고 하나님이 나에게 원하시는 일을 찾아야 합니다. 내가 좋아하지도 않고, 잘하지도 않고, 하나님이 나에게 원하시지도 않는데, 부모가 원하는 일, 세상 기준이 원하는 일, 내 친구들이 원하는 일을 따라가는 꿈은 진짜 나의 꿈이 아닙니다.

운명적인 꿈을 만나기 위해 우리가 준비해야 하는 꿈의 습관을 알아봅시다. 오늘의 습관 속으로 Go Go~!

#내가 잘되면 가족이 잘되고 나라가 잘되고 하나님이 좋아하신다

우리가 다 잘 되어야 합니다. 하나님이 너무 좋아하시니까. 나라가 너무 좋아하니까. 우리 가족이 너무 좋아하니까. 김연아 선수 금메달 딸 때 보셨죠? 온 국민이 다 기뻐합니다. 개인적으로 아는 사이는 아니라도 우리나라 선수니까 온 국민의 관심이 김연아 선수에게만 집중되잖아요. 많은 피겨 선수들이 있지만, 김연아 선수만 더 예쁘고 대견스럽고 흐뭇하고. 하나님의 마음도 똑같습니다. 다른 친구가 아무리 잘하고 있어도 하나님의 관심은 오직 하나님의 자녀인 우리들에게만 쏠려있습니다.

우리를 지으신 하나님께서 운명적으로 정해놓으신 꿈이 있습니다. 하나님의 꿈을 향해 가면, 반드시 만날 사람은 만나게 되고, 헤어져야 할 사람은 1초 차이로 헤어지게 됩니다. 하나님께서 나를 향해 계획하신 운명적인 꿈을 만나기 위해 우리가 해야 하는 첫 번째 습관은 해봐라. 일단 한 번 해보세요. 일단 한 번 먹어봐. 일단 한 번 잠자봐. 안 먹어보면 절대 모릅니다. 많은 사람이 꿈이 생기면 이 꿈이 내 꿈이 맞을까. 내가 해도 되는 건가. 두려워합니다. 그런데 제일 중요한 건 일단 해봐야 알 수 있습니다. 일단 한 번 먹어봐야 돼. 먹어보고 맛 없으면 안 먹으면 되고, 먹어보고 부작용 생기면 안 먹으면 됩니다. 먹어보지도 않고 그건 어쩌고저쩌고 말만 하면 아무것도 이룰 수 없습니다. 일단 해보세요.

해봤는데 나한테 잘 맞다. 일단 했으면 잘할 때까지 즐겨야 합니다. 김연아 선수는 몇천 번 넘어져도 다시 일어나서 다시 돕니다. 얼마 전에 보니 빙판 위를 도는데 얼굴이 즐겁고 환합니다.

007 프로그램에서 마지막 표정 보세요. 몸짓, 시선, 표정, 배우처럼 완벽하게 캐릭터를 소화합니다. 시킨다고 아무나 할 수 없습니다. 본인이 즐길 수 있어야 합니다. 꿈을 위한 연습의 시간, 꿈을 위한 공부의 시간 즐기세요. 시작은 누구나 할 수 있지만 잘할 수 있을 때까지는 자신과의 싸움이에요. 외롭습니다. 힘들 때도 많습니다. 그렇지만 즐길 수 있는 사람만이 끝까지 갈 수 있습니다. 하나님의 꿈을 이루는 우리의 목적지까지.

#마지막으로 돌려라

선물을 받았으면 감사합니다. 인사를 드리는 게 예의잖아요. 큰 선물이든 작은 선물이든 바로 전화해서 '감사합니다.' 인사를 드리면 기특하다고 칭찬해주십니다. 그것처럼 하나님도 우리에게 꿈과 비전이라는 선물을 주시고, 그 꿈을 이룰 수 있도록 재능과 재주도 주셨습니다.

물론 그 꿈이 그 사람의 것이 아니면 하나님은 실패도 주십니다. 그게 아니야. 다른 거 해. 그러니 우리는 성공하든 실패하든 하나님 감사합니다. 오늘의 감사를 하나님께 돌릴 수 있는 사람이 되어야 합니다. 대학에 합격해도 감사 영광, 대학에 떨어져도 감사 영광. 돌리는 작업을 잘하면 하나님은 '어휴, 기특하네.' 계속 주십니다. 내가 생각했던 이상의 것을 채워 주세요. 그런데 하나님께 영광을 안 돌리는 사람들에게는 주셨던 것도 뺏어 버리십니다.

꿈이라는 것은 일단 뭔지 모릅니다. 시작해보십시오. 일단 한번 해봐. 즐겨봐. 하나님의 뜻이면 잘 되고, 하나님의 뜻이 아니면 반드시 망합니다. 잘되든 망하든 주님께 영광 돌리고 감사도 돌리세요. 우리들의 꿈의 습관. 남들 따라가지 말고, 하나님이 해보고 싶으신 것, 내가 해보고 싶은 것, 도전하고 즐기며 돌린다면 최고의 꿈의 습관을 가질 수 있습니다.

물론 힘들 때도 있고 어려 울 때도 있겠지만 하나님께서 허락하신 지금의 상황을 인정하고 즐기면 우리의 꿈은 날마다 즐거워집니다. 위대한 하나님의 꿈을 이루기 위해 도전하고, 열심히 충성해서, 아낌없이 쓰임 받는 하나님의 일꾼 되시기를 축복합니다.

만족의 습관을
바꿉시다

요즘 10대들이 제일 만족을 느끼는 것, 뭐가 있을까요? 최근 신문 기사를 보니 10대 청소년 10명 중 7명이 스마트폰을 사고 싶어 하는 것으로 나타났다고 합니다. 여학생들은 유행하는 옷이 가장 큰 관심사인 것 같고. 우리 중고등부 제자들 보면 패밀리 레스토랑 가자고 하면 은혜받으며 엄청 좋아합니다.

그런데 잘 생각해보세요. 휴대폰을 바꾸면 처음에는 좋은데 오래 못갑니다. 유행하는 옷도 처음엔 신나게 입어도 유행 지나가면 쳐다보지도 않습니다. 패밀리 레스토랑도 먹고 나면 끝입니다. 집도 차도 처음 사면 며칠은 행복하고 유쾌하고 상쾌하지만 한 달 지나면 똑같습니다. 어떤 친구 아빠는 연봉이 10억입니다. 엄청 부럽지 않습니까. 그분은 우리나라에서 제일 큰 기업의 부사장님인데 스트레스 때문에 자살했습니다. 인기 연예인들도 줄줄이 자살했고, 좋은 대학교수님도 자살했습니다. 자신들의 꿈과 비전을 이루었지만 그것만으로는 만족할 수 없으니 자살을 선택하게 됩니다.

그렇다면 오늘의 퀴즈! 최고의 선물은 (   ) 밖에 없습니다. (   ) 안에 들어갈 말은 뭘까요? 누군가에게는 스마트폰, 누군가에는 유행하는 옷, 누군가에게는 패밀리 레스토랑이지만 우리에게 최고의 선물은 이 세상에 없습니다. 엄청난 것을 갖다 줘도, 빵의 문제, 돈의 문제, 명예의 문제를 해결해줘도 우리는 이 땅에서 만족을 찾을 수 없어요. 우리는 이 땅이 아니라 하늘의 것을 찾는 사람들이니까요. 그럼 우리들의 멋진 미래를 위해 오늘은 만족의 습관 확 바꿔봅시다.

#현실이냐 주님이냐, 그것이 문제로다

아브라함의 아버지 데라는 굉장한 부자였습니다. 아브라함이 아버지와 함께 있으면 떵떵거리면서 살 수 있고 부족함이 전혀 없습니다. 하지만 아브라함은 하나님 말씀 때문에 과감하게 아버지의 집을 떠납니다. 사도 바울은 학문이 굉장히 뛰어난 엘리트입니다. 그냥 가말리엘 밑에 있었으면 명문대학 교수가 될 수 있어요. 고액연봉, 최고 석학의 후계자라는 명예. 그 모든 것을 버립니다. 엘리사도 소 24마리를 기르며 쟁기를 끌 정도로 힘이 센 장사였습니다. 그런데 소 때려잡고 그냥 엘리야 따라 가버립니다. 베드로도 생각해보세요. 자기 배가 있는 선주입니다. 배 한 척 정도면 요즘도 괜찮습니다. 게다가 베드로가 배를 버릴 때 만선 했을 때입니다.

그거 다 팔고 돈 벌어서 움직여도 되는데 고민하지 않습니다. 그냥 예수님 따라갑니다. 주님께서 나를 따르라 하시니 그 기회를 놓치지 않습니다.

주님께 쓰임 받는 사람들은 지금 나의 현실에서 만족을 찾지 않습니다. 우선 따르고 봅니다. 일단 다 버리고 주님이 주시는 것만으로, 주님 한 분만으로 만족하는 습관이 있습니다. 주님만으로 만족하면 어떤 형편에 처하더라도 감사할 수 있게 됩니다.

#당신의 일 순위는?

만족의 습관을 바꾸는 두 번째, 일 순위의 내용을 바꿉시다. 우리 모두에게는 일 순위의 소망이 있습니다. 공부, 친구, 게임, 아르바이트. 모두 일 순위에 목숨 걸고 열심히 살아갑니다. 내 삶의 일 순위를 곰곰이 생각해 보세요. 그 일 순위가 여러분의 만족의 습관을 결정합니다.

세상 사람들은 별 보고 나갔다가 별 보고 들어오지만, 별 볼 일 없는 인생을 삽니다. 새벽부터 나가서 밤늦게까지 공부하고 들어오지만 알고 보면 그 추구하는 것들은 별거 아닙니다. 경제인들은 아무리 부자여도 마이너스 통장에 대출 이자 갚으며 살고, 정치인들은 아무리 유명해도 뇌물 스캔들 한방에 무너집니다.

수많은 학생들도 별보기 운동에 동참합니다. 새벽부터 나가서 하루종일 학교, 학원, 새벽 별 보고 들어오지 않습니까. 집에 오면 바쁘다고 부모님과 대화할 시간도 없고, 예배도 일주일에 한 시간밖에 못 드립니다. 그런데 명심하세요. 하나님께서 지켜 주시지 않으면 아무것도 남아나는 게 없습니다. 있다가 없어지는 돈, 사고 한 번이면 끝나는 건강, 한 방에 없어질 명예. 주님이 도와주시고 지켜 주셔야 내 삶이 가능합니다. 아무리 바빠도 소용없습니다. 그러니 내 삶의 일 순위는 무조건 복음으로, 예수님으로 바꿔야 우리들의 미래가 바뀝니다.

주님을 일 순위로 두는 생활은 엄청난 게 아닙니다. 학교 가자마자 기도 먼저 하는 것. 말씀 한 구절 읽고 하루를 시작하는 것. 큐티하며 묵상의 시간을 갖는 것. 음악을 들을 때 찬양을 듣는 그런 작은 행동입니다.

제가 아이에게 준 습관 중 제일 감사한 습관 중 하나가 자기 전에는 반드시 찬양을 틀어줍니다. 텔레비전을 반드시 끄고, 침대에 눕자마자 잔잔한 찬양을 틀어줍니다. 아이가 텔레비전을 볼 때는 안 자려고 발버둥을 치지만 찬양을 틀고 2절쯤에는 잠들어 있습니다.

이렇게 사소하지만, 주님이 좋아하실 만한 작은 행동의 습관들이 일 순위를 결정합니다. 우리의 일 순위는 오직 예수, 만족의 습관 확실하게 바꿔봅시다.

#은혜만으로 만족하는 나!

> 내가 기름으로 제사장들의 마음을 흡족하게 하며 내 복으로 내
> 백성을 만족하게 하리라 여호와의 말씀이니라 (렘 31:14)

수련회 때 치킨 먹고, 피자 먹어야 은혜받는 사람은 그거 먹고 끝나는 겁니다. 성령충만으로 흡족하고, 은혜로 만족하는 사람. 아무것도 안 먹어

도, 아무것도 안 받아도 주님만으로 만족하는 사람. 그게 바로 흡족한 은혜입니다. 그런 사람들은 하나님께서 만족하게 하십니다. 은혜만으로 만족하는 사람들에게 주시는 대박 말씀이 또 있습니다.

> 이는 내가 그 피곤한 심령을 상쾌하게 하며 모든 연약한 심령을
> 만족하게 하였음이라 하시기로 (렘 31:25)

은혜만으로 만족하는 사람에게는 피곤한 심령을 만족케 하시고 슬픈 심령을 상쾌하게 하신다는 약속의 말씀입니다. 슬픈 일 있는 사람이 친구 따라 술집 가서 친구에게 아무리 많이 얘기해봐야 그 슬픔이 해결되지 않습니다. 마음에 근심 있는 사람이 인터넷 게임을 하면 한 시간은 잊어버리지만, 더 큰 곤고함이 찾아옵니다. 우리는 세상의 것으로 상쾌한 기분을 느낄 수 없습니다.

피곤함에 찌들었을 때는 따뜻하고 깨끗한 물에 샤워를 해야 상쾌해지는 것처럼 심령이 곤고할 때 상쾌해지려면 은혜의 샤워를 해야 합니다. 은혜로 상쾌하게 샤워하시면 흡족하고 만족할 수 있습니다. 은혜로만 가능합니다.

만족을 이 땅의 것으로 찾지 않고 하늘나라 상급으로 찾는 사람들. 예수 그리스도가 일 순위인 사람들. 은혜만으로 만족하는 사람들. 반드시 여러분의 미래는 만족의 경지를 넘어 흡족의 경지까지 이를 수 있습니다. 오늘도 상쾌하게 파이팅입니다!

대가의 습관을
바꿉시다

우리가 열심히 일할 때는 바라는 것이 있습니다. 일을 마치고 받을 수 있는 것. 그 바라는 것이 무엇이냐에 따라 기본적인 생활 습관이 달라집니다. 하루종일 열심히 사셨는데, 오늘은 어떤 걸 받고 싶으세요? 누군가는 칭찬이나 인정을 받기 바라고, 누군가는 물질을 받고 싶어 합니다. 오늘은 우리가 받고 싶은 그것, 대가의 습관에 대해 함께 생각해봅시다.

#자신 있게 당당하게

부모님들은 자녀들에게 섭섭합니다. 학원비 줬으면 기분 좋은 성적표를 기다리십니다. 자녀도 부모님 어깨를 주물러주면 용돈을 바라고 있는 것입니다. 선생님은 애들을 가르쳤으면 내용을 좀 알아주기를 바랍니다. 학생들은 선생님이 내 맘을 좀 알아주고 관심 가져 주기를 원합니다.

우리는 누군가가 바라는 대로 행동해주지 않으면 섭섭한 마음이 듭니다. 섭섭한 마음을 물리칠 수 있는 제일 좋은 습관의 변화는 모든 일에 당당하게 사는 것입니다. 남들이 알아주지 않을 수도 있어요. 공부도 못하고 잘하는 게 없을 수도 있어요. 못하는 것보다 더 문제는 못 하는 것 때문에 주눅 드는 습관.

대가는 항상 정직합니다. 우리가 노력한 것보다 많은 것을 바라니까 문제가 생깁니다. 노력 이상의 대가를 바라고 거기 못 미치니까 섭섭해합니다. 노력 이상의 대가를 바라고 거기 못 미치니까 섭섭해합니다. 노력 이상의 것을 바라지 맙시다. 오늘 내가 받은 것은 깔끔하게 인정하고, 1년 후를 기약하고 더 노력하고, 5년 후를 바라보며 최선을 다합시다.

오늘 내가 하는 일에 당당해지는 습관. 지금 못 받더라도 당당하게. 성경 속의 인물들은 다 당당합니다. 에스더는 죽으면 죽으리라, 다니엘도 사자굴 들어가면서 당당하게, 바울도 감옥에 재판에 온갖 죄인 취급 받으면서도 당당하게, 목숨이 위태로운데도 당당하게 큰소리칩니다.

성경 속의 인물들은 최선의 노력을 다했으면 더 큰 축복을 받아야 되고, 금메달을 받아야 되는데 못 받습니다. 그런 이야기는 성경에 없습니다. 성경의 인물들이 다 못 받으면 우리도 못 받아도 괜찮습니다. 아무것도 없으면 어떻습니까. 걱정하지 마세요. 우리에게는 전능하신 주님이 계십니다. 당당하게 삽시다.

#빈 마음으로

빈손 들고 왔다가 십자가를 붙드네. 라는 찬양 가사가 있습니다. 저에게도 잘못된 습관이 있었는데 빈손 들고 갔다가 사례비 봉투 열어보게 됩니다. 봉투를 살짝 열어보고 생각보다 많으면 성령 충만으로 돌아오고, 생각보다 조금 적게 있으면 서운한 마음이 생기고. 예전에 힘들고 어려울 때, 빈 마음으로 갔다가 뭔가를 기대하는 마음이 생길 때가 있었습니다.

우리 학생들도 학생회 임원으로 섬기고, 찬양팀으로 섬기다가 왜 삐지고 서운하냐면 예배 마치고 화장실 청소 다 마치고 기쁨으로 가야 되는데, 맨날 나만 시켜. 맨날 나만 해야 돼. 빈 마음이 안됩니다. 우리가 뭔가 봉사를 하면서도 빈 마음이 안되면 그 일 때문에 바로 서운한 마음이 생깁니다.

우리가 받을 수 있는 최고의 사례비는 무엇일까요? 은혜, 격려, 칭찬, 물질. 우리는 많은 것을 바랍니다. 하지만 우리에게 최고의 사례비는 영혼 구원입니다. 선교사님들이 십 년 동안 죽도록 선교한 다음에 박수받고 비행기 비즈니스석 타고 들어오는 것보다 통통배 타고 들어오더라도 선교지 사람들이 살아나는 영혼 구원이 훨씬 더 중요합니다.

특별히 직분자들, 임원들, 더 많이 수고하는 분들이 빈 마음의 습관을 가지고 아무 대가 없어도 난 한다. 그런 마음이 생겨야지 그 섬김에 축복이 돌아오지 않을까요. 사실 이 문제는 지금도 싸우고 있는 문제입니다. 지금 그렇게 완벽하게 살지는 못하지만, 우리가 더욱 영혼 구원의 사례비만을 요구하는 그런 날이 와야 하지 않을까. 사실 저희 사역자들은 빚진 사람들입니다. 사례비 받고 찬양하고, 강사비 받고 복음 전하는 우리는 복음에 빚진 자. 더 열심히 해서 우리의 사역으로 한 영혼이라도 더 변화될 수 있도록 더 희생하며 더 열심히 뛰겠습니다.

#복음의 사상가

우리가 가는 이 길은 하나님 보시기에 선한 영혼 구원의 길이니 우리가 못 받아도 못 누려도 못 챙겨도 빈 마음으로 충성하는 사람. 어제까지 나에게 해를 준 사람이라도 용서하고, 너른 마음으로 받아들일 수 있는 사람. 길게 보고 넓게 보고 깊게 보고 높게 보고 사소한 일은 훌훌 털어버릴 수 있는 사람. 하늘의 마음을 품은 사람이 바로 복음의 사상가입니다.

2010년 동계 올림픽에서 가장 감동적인 기사를 읽었습니다. 네덜란드 스피드 스케이트 선수인 크라이머 선수에 관한 이야기입니다. 10000m 우승했다가 실격당하고 우리나라 이승우 선수가 금메달을 땄습니다.

화가 나서 고글 집어 던지고, 그래도 안 풀리니까 물병 집어 던지고 난리가 났습니다. 크라이머 선수가 그렇게 화를 냈던 이유가 실격을 하고 금메달을 빼앗긴 게 선수의 잘못이 아니라 코치가 인 아웃을 잘못 알아서 실수하는 바람에 금메달을 놓쳤기 때문입니다. 엄청난 실수를 한 그 코치는 이제 끝난 겁니다.

그런데 다음날 기사가 떴습니다. 선수가 코치를 용서하고, 우리는 같이 가기로 했다. 왜냐면 지난 시간이 너무 소중하기 때문이다. 그 코치가 그 선수와 함께 올림픽에서 금메달도 땄고, 세계선수권대회 몇 연패도 했고, 한 번의 실수로 갈라서기에는 서로 도우며 함께 이룬 소중한 것들이 많기에.

그 기사에 이런 문장이 있었습니다. 첫날은 말 걸기가 어려웠지만, 난 그렇게 뒤끝 있는 사람이 아니다. 그러면서 다시 말을 했다고 합니다. 그게 바로 사상가입니다. 그 선수가 코치를 용서할 수 있는 이유는 경기가 앞으로 계속되기 때문입니다. 이번 경기가 마지막 경기가 아니니까. 코치에게 화를 내고 짜증을 내서 해고한다고 문제가 해결되지 않습니다. 실수를 인정하고 용서하고 그 코치가 다시 바로 설 수 있도록 도와주는 게 사상가가 할 일입니다. 우리도 무슨 일이 생기든지 빈 마음으로 오직 영혼을 살리는 멋진 복음의 사상가가 됩시다.

21. 7. 25. 8. 37 is

물질의 습관을
바꿉시다

직장인들이 제일 즐거워하는 날은 언제일까요? 월급 받는 날. 우리 모두에게 돈 생기는 날은 좋은 날. 돈은 꼭 필요하고, 잘 쓰는 것도 중요합니다. 물질에도 습관이 있습니다. 물질을 버는 습관과 물질을 쓰는 습관. 물질의 습관을 잘 바꿔서 미래에 하늘나라 보물 팍팍 갖다 쓰는 우리가 됩시다.

#욕심을 버리면?

행복지수 조사 결과를 보면 가장 행복하다고 느끼는 나라는 어디일까요? 방글라데시가 1위, 아제르바이잔 2위, 나이지리아 3위. 가난한 나라들이 행복지수가 높게 나타났습니다. 반면에 잘 사는 나라들이 자살률도 높고,

정신병원 가는 사람도 더 많은 것으로 나타났습니다. 그렇다면 행복한 사람들은 어떤 특징이 있을까요? 만족하는 사람입니다. 욕심을 부리지 않는 사람. 욕심을 버리면 행복이 옵니다.

돈을 벌려고 너무 노력하지 마십시오. 물론 최선은 다해야겠지만 돈이 먼저가 되어서는 안 됩니다. 돈에 욕심을 내서도 안 됩니다. 물질은 욕심을 버려야지만 벌 수 있습니다. 주일날 학원 가느라 예배 못 드리는 친구들이 많습니다. 물론 학원에 가는 게 물질의 욕심을 부리는 건 아닙니다.

하지만 물질의 욕심이 바탕에 있습니다. 좋은 대학 가서, 좋은 데 취직해서 많은 연봉을 받겠다. 의사가 돼서 생명을 살리고 영혼을 살린다는 목적보다는 돈 때문에 가는 친구들이 많습니다. 그런 태도는 어릴 때부터 물질에 정복당하는 인생이지, 물질을 정복하는 인생은 아닙니다.

그런 인생을 살면 100원 벌었는데 150원 사라져요. 버는 건 1500만 원인데 깨진 돈이 1700만 원이 됩니다. 그런 경우 많아요. 돈에 집착하지 마시고, 내 욕심보다는 하나님 허락하시는 물질에 감사합시다. 남들이 100원 쓰는 거 부러워하지 말고, 지금 10원 써도 그 10원에 만족합시다.

저기 저 하늘에 까마귀 보여요? 안 보여요? 믿음이 순수한 사람에게는 보입니다. 엘리야 선지자에게 까마귀가 먹을 거 갖고 물어다 주는 것 기억하시죠? 그 까마귀가 우리에게 올까요, 안 올까요? 옵니다. 마음이 착하고 믿음이 착하면 옵니다.

여러분에게도 마찬가지입니다. 저 하늘에 까마귀가 입에 뭐 물고 막 날아다니고 있습니다. 주인을 찾아가고 있는데 주인이 안 보입니다. 그 주인은 엘리야같이 하나님께 쓰임 받는 사람. 하나님 앞에 기도하고 부르짖는 사람. 그 사람한테 까마귀가 날아갑니다. 돈은 하나님이 주셔야 돈이

지 내 욕심으로 벌면 돈이 아닙니다.

물질을 버는 것도 하나님 앞에 부끄러움이 없어야 됩니다. 나의 예배와 나의 봉사와 나의 신앙에 방해가 되는 아르바이트는 안 됩니다. 아르바이트하십시오.

하지만 예배 먼저, 신앙생활 먼저, 일 순위를 기억하시고 아르바이트를 하세요. 아르바이트를 할 때 나에게 맞는 일을 하는 게 중요하고, 신앙을 키울 수 있는 일을 찾아보면 어떨까요? 직장 잘못 가면 회식하다가 믿음 망쳐요. 많은 사람들이 예배 못 드리는 직장에 많이 가고, 예배 못 드리는 아르바이트를 많이 합니다. 편의점 아르바이트 때문에 예배 빠지는 사람들은 정말 이해가 되지 않습니다.

예배는 생명입니다. 아르바이트 때문에 예배를 빠지기 시작하면 나중에 진짜 직장 생기면 교회 아예 안 나오게 됩니다. 아르바이트할 때부터 예배가 1번, 교회 봉사가 1번, 수련회가 1번인 아르바이트를 잡으세요. 그래야 그 물질이 하나님 앞에서 부끄러움 없는 물질이 됩니다.

#감사로 드리기

열심히 일한 사람은 결과에 만족하고, 만족하면 뭘 하게 되죠? 감사드리게 됩니다. 감사헌금, 선교헌금, 구제헌금으로 하나님께 드리는 것. 물질을 쓰는 습관 중에 가장 중요한 것은 헌금의 습관이라고 생각합니다.

헌금시간에 주머니 뒤적뒤적해서 천 원짜리 꺼내는 습관은 내 인생을 망치는 습관입니다. 일주일 만에 주님 만나는데 우리 주님이 우리를 얼마나 보고 싶었겠어요. 너무 기뻐하고 계시는데 주머니에서 구겨진 천 원짜리 한 장 꺼내는 친구들. 현금 액수가 중요한 게 아니라 마음과 정성의 문제입니다.

지난 캠프 때 한 친구가 쓴 현금 봉투에 정말 감동 받았던 글귀가 있었습니다. 빈 봉투에 이렇게 적혀있었습니다. 하나님, 저는 지금 정말로 드릴 것이 아무것도 없습니다. 그런데 받은 은혜가 너무 커서 드리지 않고는 견딜 수 없습니다. 반드시 먼 훗날 더 큰 감사를 드릴 수 있는 어린이가 되겠어요. 저는 그 봉투 받고 얼마나 감동 받았는지 모릅니다. 도와주고 싶고, 기도해주고 싶고, 더 많이 주고 싶었습니다. 하나님도 그 고백에 감동받으셨을 겁니다.

내 마음이 있는 곳에 보물이 있다. 말씀에 보니 하늘에 주머니를 만들라고. 여기서 정성껏 드리는 예물은 하늘 주머니에 적금 들고 있는 거래요. 우리가 하나님 앞에 정직하게 살고, 정직하게 십일조, 감사, 선교, 구제, 드림을 기쁨으로 살면 아직 우리가 부족하고 연약해도 그 드림의 모습이 예쁘기 때문에 하늘나라 보물을 마구마구 부어주십니다. 감사의 진심, 예물로 드립시다. 하늘나라 보물을 명심하세요!

행동의 습관을
바꿉시다

#빠르게, 조금 더 빠르게

응급상황입니다. 구급차 도착하고, 의사와 간호사들이 갑자기 길을 열기
시작하고 침대를 내리고 응급실로 달려갑니다. 그 짧은 순간에 한 사람의
생명이 달려있습니다.

그러니 책임을 맡은 사람은 행동이 빨라집니다. 우리도 지금의 영적
분위기를 알아야 됩니다. 하나님께서 우리에게 요청하시는 게 급할 수도
있고, 빨리 움직여야 할 때가 있습니다.

저는 제일 화날 때가 수련회에서 집회 인도할 때 불 떨어져서 기도하
고 있는데 교사들은 밖에서 간식 준비하고 있고 뒤에서 팔짱 끼고 서 있
고. 이럴 때 속이 상하고 화가 납니다. 의사와 간호사가 응급환자 들어왔

는데. 어, 다리가 잘렸네. 이러면 안 되지 않습니까. 빨리 봉합하고 빨리 치료해야 합니다. 영적으로 위험한 시기인데 우리 행동이 너무 굼떠요. 마비 환자의 특징이 바늘에 찔려도 아프지 않습니다. 영적으로 마비에 걸리면 이 땅의 위기를 보면서도 아무런 감각이 없어집니다.

세상 문화를 보면 지금이 영적인 위기상황이라는 것을 실감하게 됩니다. 작년 히트상품 7위가 여성그룹이랍니다. 여성그룹 의상이나 춤을 보면 얼마나 야하고 선정적입니까. 많은 아이들이 아이돌그룹의 뮤직비디오를 다운받아서 보는데 어른들이 보면 깜짝 놀랄 충격적인 영상 많습니다.

아이들하고 10분만 대화해보세요. 생각과 가치관이 어른들과 엄청나게 달라졌습니다. 영적인 것을 떠나 9시 뉴스만 봐도 얼마나 무섭습니까. 전쟁에 대한 불안과 공포, 엄청난 지진, 엄청난 더위와 추위. 한 번 더 생각해보면 마지막 시대입니다. 소돔과 고모라 같은 시대입니다.

믿는 학생들이 더 정신 차리세요. 받은 은혜 까먹지 마세요. 점점 나태해진다는 건 이미 밀리고 있는 겁니다. 상황 파악을 빨리하세요. 지금 마귀가 코웃음 치고 있는 거 보이시죠? 지금 놀 때가 아닙니다. 잘 때가 아닙니다. 기도하고, 공부하고, 중간고사 기말고사 대박치셔야 됩니다.

공부의 신이라는 드라마에서 선생님께서 학생들에게 말합니다. 세상을 이기려면 자기가 먼저 공부로 승리하고 자기 발전을 해야 된다고. 우리 믿는 청소년들도 세상 문화에 있는 아이들보다 더 배우고 준비하고 영적으로 무장하는 행동의 습관을 가져야 세상을 이겨낼 수 있습니다.

#뒤를 돌아보지 맙시다

이스라엘 60만 대군 중에 가나안에 들어간 사람은 딱 두 사람, 여호수아와 갈렙 뿐입니다. 다른 사람들은 자꾸 뒤를 돌아봤습니다. 믿음으로 전진하지 못하고 불평하고, 염려하고, 걱정하며 자꾸 뒤를 돌아봅니다. 뒤돌아봐서 망한 분 한 분 더 계십니다. 소금기둥 되신 자매님. 뒤돌아보지 말고 떠나라는데 미련이 남아서 뒤돌아봐서 소금기둥이 돼버린 롯의 아내.

그 여인보다 더 중요한 건 지금 우리입니다. 우리도 뒤를 돌아보면 순식간에 멈춰질 수 있는 게 우리의 신앙입니다. 우리 주변에서 그런 사람들을 볼 수 있습니다.

자기가 전도해놓고 새신자는 청년회 생활 열심히 잘하는데 본인은 연애하느라 못 나오고. 예배드릴 때 주님 만나러 왔는데 자기 여자친구, 남자친구 없으면 자꾸 뒤만 쳐다봅니다. 예배 마치고 약속 잡아 놓으신 분들은 목사님 설교하는데 자꾸 뒤돌아서 시계만 보고. 설교 빨리 끝나야 되는데, 예배시간 내내 그 약속만 생각합니다. 시험 전날은 예배드리는 것도 불안합니다. 빨리 학원 가야 되니까. 이런 행동 자꾸 하시면 영적인 소금기둥이 됩니다. 주님이 뒤돌아보지 말라고 하셨으면 안 봐야 합니다. 뒤돌아볼 수 있는 우리를 뿅망치로 톡톡톡톡 때려서 다시 앞으로 고정시키세요.

지난주에 한 여학생으로부터 최고의 선물을 받았습니다. 저희 집에 지금 빅뱅 최신 한정판 CD, 동방신기 일본판 브로마이드와 싸인 CD, 팬픽 소설 등 한 박스가 와있습니다. 은혜받은 학생이 보내줬습니다. 쪽지가 들어있었는데, '목사님, 저 이거 반납합니다. 아직 포장도 안 뜯은 것 한 박스. 이거 지금 인터넷에 내놔도 하나에 2만 원은 받습니다. 사인 CD와 브로마이드. 이거 다 팔시 면 이십 만원이 넘는데 갖고 있으면 이걸 하나님보다 더 사랑하는 나 자신이 가슴이 아파서 다 보내드립니다. 팔아서 선교비로 쓰세요.' 저는 절대 팔지 않습니다. 다른 누군가가 들을 거니까. 그 친구는 또 저에게 팬클럽 카페 아이디와 비밀번호를 보내줬습니다. 탈퇴를 할 수 있는데 내가 탈퇴를 하면 나중에 다시 가입할 수 있으니까 목사님이 비밀번호를 바꿔 달라고. 이렇게 구체적인 행동의 변화를 가지셔야 합니다. 오늘 내가 하지 말아야 될 행동을 빨리 고치세요.

영적으로 기도 안 되면 기도 안 되는 이유가 있어요. 성적 떨어지면 성적 떨어지는 이유가 있습니다. 마음이 민첩해야 됩니다. 하나님이 원하시는 것을 빨리 캐치해서 오늘 밤에 당장 찢어버리고 없애버리고 부숴버리고 다시 시작하는 것이 미래가 바뀌는 행동의 습관을 만들어 갑니다.

준비의 습관을
바꿉시다

성경에서 제일 믿기 어려운 이야기는 천지창조가 아닐까요? 일단 창세기 1장 1절의 천지창조가 믿어지면 그다음은 쭉쭉 나갑니다. 하나님이 하늘을 만드시고, 바다를 만드시고, 동물을 만드시고, 아담과 하와를 만드시고. 창조 자체가 하나님께서 사람들에게 무언가를 주기 위한 첫 번째 준비입니다.

하나님께서 모든 것을 만들어놓고 인간들에게 명령한 것은 딱 하나. 생육하고 번성하고 다스려라. 그런데 말을 안 들으니까 노아네 가족만 살리고 다시 주시는 것입니다. 하나님은 항상 준비하고 계십니다. 우리가 '나는 왜 이렇게 되는 게 없지.' 생각하는 순간에도 하나님은 될 일을 만들고 계시고. '나는 왜 이렇게 가진 게 없지.' 생각하는 순간에도 그 사람에게는 하나님이 허락한 모든 것이 이미 준비되어 있습니다.

하나님의 축복은 셀프서비스입니다. 우리가 갖다만 쓰면 되는데 게을러서 물 안 갖다 주면 안 먹는 사람이랑 똑같습니다. 앞에까지 와야 합니다. 하나님의 것을 가져다 쓰기 위해서 오늘 우리는 무엇을 준비해야 할까. 준비의 습관 제대로 바꿔서 미래에 대박 나는 일들 지금부터 시작해 봅시다.

#주파수를 맞춰라

예전에 대전 극동방송에 방송진행자로 오래 있었는데, 가끔 고속도로에서 라디오를 듣다 보면 주파수가 딱 변경되는 지점이 있습니다. 한참 잘 듣다가 갑자기 그때부터 치익 하고 안 나오다가 몇 분 더 가서 주파수를 바꿔야 나옵니다. 결정적으로 중요한 내용을 듣고 있는 순간에 치익거리면 정말 속상합니다. 속 터지고 답답합니다. 주파수가 안 맞으면 어떤 내용도 들을 수 없습니다.

하나님의 주파수도 마찬가지입니다. 하나님의 음성을 듣기 위해 우리는 하나님께만 주파수를 맞춰야 됩니다. 그 주파수가 조금이라도 다르면 하나님의 것을 듣기는 듣는데 잡소리가 들리는 상태로 듣습니다. 무언가 다른 소리가 섞인 상태, 혼선인 상태로 하나님의 소리를 들어요. 친구 주파수가 들리고, 엄마 주파수가 들리고, 선생님 주파수가 들리고. 하나님의 이야기를 들으러 간 예배에서 하나님의 말씀은 하나도 기억 안 나고, 성가대 쳐다보고, 문자 메시지 쳐다보고, 끝나고 선생님 졸라서 치킨, 피자 먹을 생각 하니 듣기는 듣고 보기는 보았는데 남는 게 없습니다.

주파수 뺏기지 마세요. 우리의 주파수는 오직 하나님께로. 그래야 하나님 것 마음껏 갖다 쓸 수 있습니다.

#성령 충만이면 준비는 자동

운동선수들은 경기에 나가기 전에 내 몸의 컨디션을 스스로 안다고 합니다. 될 것 같은데, 안될 것 같은데. 감이 딱 온대요. 경기 시작 5분 전에 경기장에 나가보면 내 몸의 컨디션이 나를 말해 준답니다.

예전에 우리나라 국가대표 축구팀이 아주 못하는 동아시아 약체 팀에게 진 적이 있었습니다. 왜 졌을까. 나중에 알고 보니 그 전날 과음을 했다고 밝혀졌습니다. 과음한 상태로 경기에 나가면 아무리 약체팀이라도 이길 수가 없습니다. 아무리 강팀이라도, 아무리 명선수라도 내 몸의 컨디션이 충만하지 않으면 승리를 뺏깁니다. 오늘 왜 짜증이 날까요? 오늘 왜 답답할까요? 잠도 못 자고 스트레스는 왜 이마 끝까지 올라오는 걸까요? 성령 충만이 사라진 결과가 아닐까요. 순식간에 나의 성령을 앗아가는 일들이 하루에도 수없이 생기잖아요.

무술계의 고수는 아무리 활이 날아와도 혼자서 탁탁 막아낼 수 있습니다. 그런데 무술계의 하수는 탁 쳐냈는데 한발 늦습니다. 늘 찔리고, 부상을 당하고. 무술계의 고수처럼 우리도 성령 충만한 영적 고수가 되어서 나의 은혜를 방해하는 많은 일들이 있어도 탁탁탁 막아야 되는데 거기까지 더 준비해야 됩니다.

성령 충만하려면 더 준비합시다. 어떤 방법을 써서라도 성령님과 주파수를 맞춰서 회개하고 마음 다잡고 주님께 의탁하는 게 제일 빠릅니다. 지금 이 시간에 안 맞는 게 있다면 맞추시고, 스트레스 받은 게 있다면 푸시고, 성령이 충만한 사람, 영성이 충만한 사람이 됩시다. 성령 충만을 받고서 전도대장 될래요. 성령 충만 받고서 축복 대장 될래요. 찬양 가사처럼 성령 충만이면 준비의 습관은 자동으로 바뀝니다.

#배우고 또 배우고 또 배우자

잘못된 준비는 아무리 노력해도 결과가 안 좋습니다. 아무리 좋은 선수들을 뽑아도 감독과 코치가 잘못 가르치는 코칭 스탭이라면 오합지졸이 될 수밖에 없습니다. 아무리 오합지졸을 모아놓아도 선생님이 제대로 가르치면 잘 굴러갑니다.

그래서 용장 밑에 약졸 없다는 말이 있어요. 좋은 스승, 무서운 선배에게 배운 분들이 롱런하시는데, 그 이유가 그분들에게 배우고 또 배우고 또 배우기 때문입니다. 여러분들은 요즘 누구에게 배우고 계세요? 좋은 스승, 무서운 선배 찾아보세요. 가서 눈물이 쏙 빠지게 혼나더라도 제대로 배우세요. 누구에게 배우느냐가 준비의 습관을 결정합니다.

노아는 방주 지을 때 딱 한 분 말씀만 듣고 준비합니다. 대기업 조선소 사장님의 조언을 받지 않습니다. 오직 한 분, 주님의 말씀으로 방주를 짓게 됩니다. 하나님의 말씀만이 우리를 바르게 준비시킬 수 있습니다.

우리가 할 일은 딱 한 가지. 유월절 다락방을 준비해라, 그러면 그냥 가서 다락방 있는 사람한테 달라 그러면 되는 거고. 나귀를 가져와라, 그러면 가져오면 되는 겁니다. 말씀에서 하라는 대로만 준비하는 것. 그것이 오늘 우리가 해야 될 사명입니다. 하나님의 말씀대로 바르게 준비해서 하나님의 일꾼으로 멋지게 쓰임 받읍시다.

계획표의 습관을
바꿉시다

경기나 시합을 위해서는 준비하는 과정이 필요합니다. 감독과 코치와 선수들은 목표를 정하고, 그날그날 계획표를 짜서 경기 때까지 목표 연습량을 달성해나갑니다. 계획표에 따라 열심히 연습했을 때 본 경기에서 팀의 기량을 마음껏 발휘하고 승리할 수 있는 것처럼 우리도 인생을 바꿀 수 있는 승리의 계획표를 만들어봅시다.

#나를 위한 계획표

많은 학생들이 계획을 세우고, 계획표를 만듭니다. 엄마에게 보이기 위해, 선생님께 제출하기 위해, 나의 스케줄과는 상관없이, 나의 흥미나 적성과는 상관없이 계획표를 위한 계획을 세웁니다. 새벽 6시에 일어나서 밤늦게까지 공부하는 계획표. 그래야 엄마나 선생님이 보시고 칭찬하시거든요. 그러나 부모님 때문에, 선생님 때문에 보여주려고 작성한 계획표. 우리는 이 계획표대로 살 수가 없어요. 그러니까 작심삼일이 되는 거예요. 내 계획표가 아니니까.

요즘 청소년 집회 강사 섭외가 들어오면 애들만 모아놓고 하는 집회는 한계가 있으니 학부모와 함께 하는 집회를 하자고 말씀을 드립니다. 교사 세미나나 오후 예배를 가는 이유가 오후 예배 때는 부모님이 다 오시니까요. 청소년 헌신예배에 가면 아이들이 장기자랑 하는 줄 아세요. 애들한테만 꿈과 비전을 심어주는 줄 아십니다. 그런데 절대 그게 다가 아닙니다. 아이들을 위한 헌신 예배지만 부모 깨지는 예배를 준비합니다. 일명 부모를 불태우는 교회, 부모를 회개시키는 예배를 다니고 있습니다. 왜냐하면, 부모의 마음이 바뀌어야, 부모의 믿음이 바뀌어야 아이가 바뀔 수 있습니다.

계획표를 짤 때 부모님이 원하는 계획표를 작성하지 마십시오. 새해 소망을 말할 때 부모님이 원하는 소망을 말하지 마세요. 나를 위한 계획표. 진짜 나의 소망에 대해서 깊게 생각해보세요.

#모든 계획표의 일 순위는 주님

모든 계획표의 첫 번째는 주님의 계획표. 예배와 수련회, 은혜와 기도의 시간. 기도하겠다고 맨날 생각해놓고, 하루의 계획표를 보면 맨날 일만 합니다. 그러면 기도할 시간이 없습니다. 그러니 24시간 중에 우선 기도의 시간을 따로 빼놓고 나머지 계획을 짜야 합니다. 예배도 마찬가지입니다. 자는 것도 예배드리고 나서, 노는 것도 예배드리고 나서, 먹는 것도 예배드리고 나서. 내 계획표를 세우더라도 하나님 만나는 계획표가 최우선입니다.

#내가 할 수 있는 계획표

아무리 유명하고 연봉을 많이 받는 야구선수라도 글러브를 잘 바꾸지 않는다고 합니다. 글러브가 자기 손 같아야 경기가 잘 되기 때문입니다. 내 손에 익숙한 글러브가 있습니다.

우리도 쉽게 바뀌지 못하는 부분이 있습니다. 계획표를 세워놓고 항상 작심삼일 지키지 못한다고 괴로워합니다. 삼 일 후에 계획표를 바꾸세요. 삼 일만 지키세요. 삼 일 후에 안 되는 건 또 바꾸세요. 그렇게 1년에 30번만 바꾸면 우리는 계획표를 지키는 사람이 될 수 있습니다.

계획표는 초안이 완성본이 아닙니다. 하나님의 뜻과 계획에 따라 내가 할 수 있는 한 최대한 노력하며 맞추면 됩니다. 한방으로 365일 살아갈 생각 마시고, 안 맞는 것은 지우고, 새로 만드세요.

축구 선수가 한 팀에 11명 있지만, 감독과 코치는 11명에게 다 각자에게 맞는 계획표를 세웁니다. 예전에는 모든 사람이 동일한 훈련을 받았지만, 요즘은 어떤 선수에게는 하체를 튼튼히 하는 훈련을, 어떤 투수에게는 팔의 근육을 키우는 훈련을, 다른 선수에게는 지구력을 키우는 훈련을 실시합니다. 각자에게 맞는 훈련법이 있습니다. 각자의 훈련에 따라 스케줄도 다르고 먹는 것도 다릅니다. 그런데 우리는 모든 사람이 비슷한 훈련 계획을 세웁니다. 모든 사람이 명문대에 가겠다고, 돈을 많이 벌겠다고, 비슷한 훈련 계획표를 짭니다. 각자 사명에 따라 받아야 하는 훈련이 다 다릅니다. 남들 따라가지 마시고, 내가 할 수 있는 계획표를 짜세요.

#휴식은 필수!

오바마 대통령, 이명박 대통령, 한 나라의 대통령에게 제일 중요한 일정 중 하나가 바로 휴가입니다. 그래서 어느 나라나 대통령 별장이 잘 지어져 있습니다. 휴가를 잘 갔다 오는 대통령이 정치를 잘한답니다. 차분하게 쉬면서 구상을 하고 나라의 계획을 다시 세울 수 있는 여유가 생기기 때문입니다. 쉬지 않고 죽도록 일만 하는 사람들은 잘하는 것 같지만 반드시 경직된 사고방식을 가지게 됩니다.

저는 글을 쓰면서 쉽니다. 특히 일기 쓰는 것을 너무 좋아하고, 하고 싶은 말이나 쓰고 싶은 말을 못 써놓으면 답답합니다. 사역으로 늘 차를 타고 다니니까 운전하다가 피곤하고 힘들면 차를 세우고 고속도로 휴게소 편의실로 들어갑니다. 거기서 20분 정도 일기를 쓰는 시간을 가집니다. 어제 있었던 일들, 지난주에 있었던 일들, 하나님이 저에게 주신 일들을 남겨두면 휴식의 시간이 됩니다. 반드시 안식년, 쉼의 시간, 휴식의 프로그램을 계획표에 넣는 습관. 아주 작은 삶의 여유가 여러분의 계획표를 빛나게 합니다.

방학의 습관을
바꿉시다

#정신 번쩍, 찬물 확!

방학이 되면 많은 학생들이 10시에 일어납니다. 일어나서 첫 마디는? 아, 피곤해. 그다음에 하는 말은 배고파. 나고 놀러 나갑니다. 피씨방 가고, 놀러 가고, 다섯 시쯤 집에 돌아옵니다. 집에 와서 하는 얘기가 배고파. 그때부터 텔레비전 켭니다. 밤새도록 텔레비전, 인터넷, 새벽 세 네 시쯤 잡니다. 다음날 또 10시에 일어나서 피곤해. 이렇게 한 달을 보냅니다.

그렇게 겨울방학 한두 달 보내고 나면 폐인이 되어버립니다. 내가 학생인 것을, 내가 젊은이인 것을 잊어버립니다. 꿈과 비전에 도전하는 것을 잊어버립니다.

일꾼은 일하는 사람이 아니라 일을 맡기고 나서 염려되지 않는 사람.

저 사람한테 일을 맡기면 걱정할 필요가 없어. 저 사람은 내 일꾼이야. 우리 집 일꾼이야. 든든한 사람입니다. 엄마인데 엄마가 음식하는 것 때문에 걱정한다면 엄마가 아닙니다. 돈 벌어 오는 것도 아빠가 하시고. 문제는 엄마 아빠는 열심히 사는데 학생은 학생인데 방학 때 학생임을 잊어버리는 것입니다.

학생은 학생으로서 해야 할 일이 있습니다. 미래를 위해 공부하고 도전하는 사람이 바로 학생입니다. 두 달, 세 달 방학이 이어질 때 게을러져서 학생의 본분을 다 잊어버리지 않을까. 오늘은 정신이 번쩍 들도록 찬물을 확 끼얹어서 방학의 습관을 바꿔보도록 합시다.

#공부의 습관을 기억하라

우리는 초등학교 6년, 중학교 3년, 고등학교 3년. 12년 동안 열심히 공부합니다. 그런데 12년 동안 배운 공부의 습관을 단 두 달 겨울방학으로 끝내버립니다. 수능 시험 마치고 대학교 가기 전에 두 달 동안 원 없이 실컷 놉니다. 그러면 내가 무슨 공부를 했었지. 다 잊어버립니다. 의자에 앉는 게 어색하고, 책가방 메는 게 어색하고, 책을 펴는 게 어색해집니다. 12년 고생이 두 달만에 물거품이 되어버립니다.

수험생들. 지금 아마 뜨끔 하실 겁니다. 수험생뿐이겠습니까. 대학생들도 방학 동안 책 한 글자 안보는 학생들 많습니다. 알바 하느라 난리입니다. 알바 왜 하는지 아세요? 등록금 벌어요. 생활비 벌어요. 사고 싶은 거 사려고 벌어요. 학교만 가면 대학생이지만 일할 때는 일반인입니다.

진짜 대학생은 1년 365일 나의 꿈과 비전을 위해 학업에 정진하는 사람입니다.

우리는 매일매일 숨을 쉬듯 꿈을 위해 책을 읽고 공부하는 습관을 키워야 됩니다. 지금 여러분 나이는 공부할 나이입니다. 지금 최선을 다해야 하나님의 은혜대로 무언가를 이룰 수 있어요. 하나님께서는 반드시 준비된 사람을 사용하십니다. 공부의 습관이 하나도 없으면 하나님께서도 써주실 수가 없어요. 방학 때 혹시 공부의 습관 잊어버렸으면 오늘부터 내일부터 다시 도전합시다.

#내일을 위하여

첫 단추를 잘못 끼우면 마지막에 결국 다 풀어서 다시 채워야 됩니다. 오늘 안한 것은 내일도 안 됩니다. 오늘 해야 내일도 되는 것. 내일로 미루신 일들이 있을 거예요. 지금 당장 일어나세요. 꼭 오늘 하는 게 아니더라도, 내일부터 할 수 있도록 준비해야 됩니다. 운동하려면 운동복을 챙겨 놓으시고, 공부하려면 내일 읽을 책을 빼놓으시고, 내일 바로 시작할 수 있도록 준비합시다. 아침에 빨리 나가야 되는 날에는 입을 옷을 미리 빼놓잖아요. 방학이라고 자꾸 늘어지지 마세요. 해야 할 일들을 미리미리 챙기는 내일을 준비하는 습관으로 이번 방학의 습관 멋지게 바꿔봅시다.

#토끼는 한 마리만

많은 사람들은 자꾸 두 마리 토끼를 잡으라고 가르칩니다. 그런데 두 마리 토끼를 잡다가 한 마리도 못 잡을 때가 많습니다. 방학 때 두 마리 토끼 뭐가 있을까요? 학원과 수련회, 건강과 공부, 이성 친구와 교회. 우리에게 제일 중요한 두 가지 일이 겹치면 우선순위를 알 수 있습니다. 부모님들도 엄청 갈등하십니다. 아이를 하나님의 사람으로 키우고 싶은데 성적도 좀 올리고 싶습니다.

지금이 중요한 시기이기 때문에 학원 한 달 단기 특강 등록했고, 과외 잡았는데 선생님이 엄청 비싼 강사 선생님입니다. 3일 빠지면 진도가 떨어집니다. 그러면 수련회를 어떻게 하시겠어요? 아이들은 수련회에 가고 싶어 합니다. 그러면 부모님들 말씀하세요. 대학 가서 잘 믿게 하시겠다고. 그건 우선순위가 틀린 겁니다. 우리에게 제일 중요한 건 영성입니다. 예배와 수련회. 방학 때는 수요 예배, 금요철야 가세요. 저희 교회 아이들은 한 달 내내 매일 교회 오게 만듭니다.

방학의 우선순위를 무엇으로 두고 계세요? 믿는 이들의 삶의 일 순위는 신앙. 제일 큰 토끼 신앙 잡으십시오. 그러면 그다음 토끼는 알아서 따라옵니다. 아이들은 아직 잘 모릅니다. 그러니 부모님들께서 학생들의 영성 관리를 위해서 우선순위에 대한 뚜렷한 주관을 가지셔야 합니다.

공부를 너무 잘하는 학생이 있습니다. 머리도 좋고, 좋은 집에 살아요. 얼굴도 예쁘고 옷도 멋있어요. 모든 게 완벽합니다. 그런데 F를 맞았습니다. 왜 F를 맞을까요? 출석 안 한 사람. 결석 네 번이면 무조건 F입니다. 출석에서 성실하지 않은 학생에게 점수를 주는 교수는 없습니다. 실력은 좀 떨어지더라도 학 학기 빠짐없이 16번 개근한 사람에게는 점수가 나옵니다. 우리가 아무리 착하게 살고, 헌금 많이 하더라도 출석에서 밀리면 통과 못 받습니다.

이번 방학에는 출석에서 밀리지 마십시오. 하나님은 다 보십니다. 수련회 왔나 안 왔나. 방학 때는 오후 예배 좀 오나. 수요 예배 금요철야 오나 안 오나. 학교 다닐 때는 야간자율학습 한다고 안 오고, 방학 때는 야자도 안 하고 학원도 일찍 끝나는데 왜 안 오세요? 가셔야 됩니다. 목사 할 것도 아니고 선교사 할 것도 아닌데 왜 꼭 가야 되느냐고요? 사실 목사와 선교사보다 평신도들이 예배를 더 잘 드려야 됩니다. 평신도들은 세상 속에서 날마다 주님과 동행하는 삶을 살아야지 평신도의 삶에서 승리할 수 있으니 예배의 자리로 가셔야 됩니다. 목사, 선교사, 사명자들은 제대로 못 살아도 상관 안합니다. 바로바로 맞으니까. 평신도인 우리도 맞기 전에 더 잘합시다.

#하나님은 너의 방학생활을~ 다 아신다

방학 때 열심히 공부한 학생들은 주님이 다 아시고 성적 올려주십니다. 방학 때 열심히 영성을 키운 사람들은 영성의 리더로 만들어주십니다. 학창 시절에 열심히 한 모습 주님이 다 아십니다.

기름이 하나도 없는 에쿠스와 기름 꽉 찬 마티즈. 어느 것을 쓰시겠습니까. 많은 사람들은 에쿠스를 갖고 싶어 합니다. 비싸니까. 멋지니까. 그런데 비상이 걸렸습니다. 위기 상황입니다. 그때는 기름 없는 에쿠스는 필요 없습니다. 기름 꽉 찬 경차가 좋은 겁니다.

우리도 세상의 보기 좋은 것들만 찾아갈 때가 많습니다. 차가 아무리 좋아도 기름 없으면 못 가는 것처럼 아무리 유능해도 영성 없으면 못 갑니다. 이번 방학에는 반드시 채우셔야 됩니다. 듣는 사람으로 끝나지 마시고 반드시 채우는 사람으로 가야 됩니다.

이번 방학, 주님이 다 보고 계십니다. 하루 세 시간 인터넷, 매일 먹는 라면, 새벽까지 텔레비전. 지금 주님이 다 아십니다. 지금 바로 정신 안 차리면 방학 끝납니다. 오늘부터 정신 바짝 차리고. 정신 차리자! 정신 차리자! 정신 차리자! 정신 차리자!

만남의 습관을
바꿉시다

#아주 특별한 만남

오늘 내가 누구를 만나느냐에 따라 임재하는 게 달라집니다. 누군가를 복음으로 만나면 그 자리에 성령이 임하지만, 세상을 말하고 사단을 말하면 욕심의 영이 임하고 교만의 영이 임하는 그런 만남이 될 수도 있습니다.

사도행전 10장에 나오는 베드로와 고넬료의 만남을 보세요. 당시에 베드로와 고넬료가 만나는 것은 법적으로 금지되어 있었습니다. 그런데 고넬료가 베드로를 찾아옵니다. 백부장인 고넬료는 이슬람의 총리대신 정도로 높은 직책의 사람인데, 하나님이 두 사람을 만나게 하십니다. 만나자마자 고넬료는 베드로에게 깍듯이 예의를 취하며 엎드려 절을 합니다. 한 말씀만 해주세요. 하나님의 음성으로 듣겠습니다. 이렇게 말하니 베드로가 거만하게 한 말씀 하시라 하지 않고, 나도 사람인데 왜 이러시냐고 겸손하게 복음을 이야기해줍니다. 그 만남의 자리에 성령님이 임재하시고, 단 한 번의 만남으로 이방인 복음의 시작이 됩니다.

#5분만 들어볼래요?

5분 정도 대화를 들어보면 그 사람에 대해 조금은 알 수 있습니다. 사람을 사귈 때는 대화를 먼저 들어보는 습관을 가졌으면 좋겠습니다. 사실 윗사람이 돼서 먼저 된 비전과 가치관으로 대화를 해보면 딱 감이 옵니다. 저 아이가 돈을 좋아하는지, 이성을 좋아하는지, 게임을 좋아하는지 5분 정도만 대화해보면 알게 됩니다. 친구들 만날 때 내 얘기 잘하는 친구들 있습니다. 이야기 잘하는 것 때문에 누군가 나에게 다가옵니다.

그런데 중요한 건 내 얘기만 했지 상대방 얘기를 안 들었기 때문에 어떤 사람이 나에게 오는지를 모릅니다. 대화를 좀 들어보세요. 그 사람은 대화 속에 어떤 말을 많이 하나. 하나님 이야기를 많이 하나, 꿈 이야기를 많이 하나, 돈이나 이성에 대한 이야기를 많이 하나. 잘 들어보고 사귀는 게 만남의 중요한 습관입니다.

#외모만 딱 봐도 알 수 있는 것

끼리끼리 논다 그런 말이 있습니다. 외모가 사람을 판단하는 기준은 아니지만 비슷한 관심사를 가진 친구들끼리 어울립니다. 사람을 만날 때 내 외모를 가꾸는 습관이 필요합니다. 어떤 외모로 가꾸느냐고요? 하나님께서 기뻐하실만한 외모로 가꿉시다.

꾸미는 데 최선을 다하지 않았으면 좋겠습니다. 나를 꾸미는 옷이 아니라 검소하게 편안하게 깔끔하게 입으세요. 박찬호 선수가 한국에 와요. 그러면 박찬호 선수를 만나러 가는 아이가 주로 뭘 입고 갈까요? 야구복을 입고 가야 박찬호 선수의 눈에 띄지 않겠습니까.

박지성 선수를 만나러 가면 축구복을 입고 가야죠. 비슷한 복장을 입는 것은 당신을 너무 좋아한다는 마음의 표현입니다. 하나님이 너무 좋아요. 하나님의 사람들을 만나고 싶습니다. 그러면 하나님의 사람들과 비슷한 복장을 하고 만나러 가야 합니다.

예수님이 제자들에게 유니폼 맞춰 주신 거 아시죠? 두 벌 이상의 옷을 가져가지 마라. 쉽게 말하면 평범한 옷이 아니겠습니까. 내가 만날 사람을 위해서 최선을 다해 깔끔하되 거기에 마음 뺏기지 맙시다.

#성품이 일품이요

기본 됨됨이, 기본적인 성품이 윗사람을 존중하고 아랫사람을 사랑하고 동기들을 사랑하는 성품을 가진 사람이 있습니다. 성품은 하루 이틀 배려를 키우자 결심해서 키워지는 게 아닙니다.

고넬료 백부장은 정말 높은 사람이었습니다. 그런데 베드로를 만나자마자 앞에 와서 무릎을 탁 꿇습니다. 고넬료는 겸손한 성품의 사람이니 하나님께서 축복의 만남을 주십니다.

요즘엔 이게 없습니다. 사람을 만날 때 기본 예의가 없는 사람이 많습니다. 만남의 습관 중에 내 주도적인 만남보다는 배려하는 습관, 사랑하는 습관, 존중하는 습관을 지금부터 키우셔야 합니다. 어려운 게 아닙니다. 한 번만 더 생각하고 행동하면 더 소중한 만남이 이뤄질 수 있는데 순식간에 행하는 일들 때문에 안타깝게 귀한 만남을 놓쳐 버릴 때가 많습니다.

#헤어질 때도 깔끔하게

만남 후에 중요한 건 헤어짐입니다. 헤어지고 나서 어떤 마음이 드느냐. 미안한 마음이 들 수도 있고, 보고 싶은 마음이 들 수도 있고, 험담하면서 헤어질 수도 있습니다. 깔끔하게 매듭짓지 않으면 줄이 풀리거나 엉켜버립니다.

오늘 주무시기 전에 매듭을 잘 묶으셔야 내일 다시 묶을 수 있어요. 소자 하나에게 하는 것이 나에게 하는 것이다. 아주 어린 아이, 아주 가난한 사람 한 명에게 하는 것이 예수님에게 한 행위일 수 있습니다. 오늘 만남 속에서 안 해도 될 말, 실수, 행위를 한 사람이 있으면, 죄악에 동참시킨 사람이 있으면, 안 좋은 모습 보인 사람이 있으면 자기 전에 할 수 있으면 문자든 전화든 죄송한 건 죄송하다고, 고마운 건 고맙다고 매듭을 짓고 주무시는 것이 좋은 만남을 이어갈 수 있는 비결입니다.

공부의 습관을
바꿉시다

#공부를 못하는 것은 죄?

어린아이들은 기운이 어디가 제일 센지 아십니까? 손가락. 그래서 어린아이 있는 집은 벽지나 장판이 다 찢어져 있습니다. 아이가 다 뜯고 잡아서 입에 넣습니다. 어르신들은 어디 기운이 제일 셀까요? 입. 그래서 어르신들은 말씀이 많으십니다.

사람의 나이에 따라 기운이 제일 센 데가 있는데 청소년들은 머리랍니다. 그래서 청소년들은 자꾸 머리를 쓰게 됩니다. 그런데 하나님이 주신 것을 정복하고 다스리는 공부에 머리를 쓰지 않고, 자꾸 다른 일에 머리를 쓰면 문제가 생깁니다. 다른 일에 머리를 쓰다 보니, 죄짓는데 머리를 쓰게 되고 세상적인 것에 머리를 쓰게 됩니다. 공부하라고 기운을 주신 머리를 공부에 쓰지 않으면, 세상에 쓰고 죄에 쓸 수밖에 없으니 공부를 못하는 것은 죄라고 말할 수밖에 없습니다.

명문대 나오면 성공합니까? 안 합니까? 다른 대학에 비해서 성공할 기회가 많이 주어집니다. 이런 이야기 하면 학생들이 스트레스를 받습니다. 그런데 공부 잘해야 성공하는 것은 통계적으로 사실입니다. 공부 잘해서 명문대 나오신 분들 중에 성공하시는 분들이 많습니다. 왜 그럴까요? 명문대 나와서 성공하는 것일 수도 있지만, 중학교 때부터 고등학교 때부터 좋은 공부의 습관이 있었으니까.

오랜 시간 성실하게 좋은 습관을 만들었기에 우리 사회의 리더가 될 수 있는 것입니다. 지금부터 바꿀 공부의 습관. 우리의 미래를 새롭게 만들어 갑니다.

#공부를 먼저 하라

공부 못하는 친구들은 자기가 왜 공부를 못하는지 잘 알까요, 모를까요. 공부의 습관을 바꾼다는 것은 전문가의 도움이 필요 없습니다. 학생들. 지금 책상에 앉으세요. 볼펜을 드세요. 우리의 나쁜 공부 습관을 한 번 이야기해볼까요?

저는 텔레비전을 켜놓고 공부했습니다. 공부를 먼저 하고 텔레비전을 봐야 되는데 텔레비전을 보고 공부를 하니 당연히 공부가 안됩니다. 제일 쌩쌩 할 때 텔레비전을 보고 피곤해질 때 책을 보니 머리에 안 들어갑니다.

또 어떤 친구들은 좀 쉬고 한 시간 뒤에 공부하자. 일단 쉬고, 쉬다 보면 또 잠이 옵니다. 시간이 점점 미뤄지고 그러다가 그냥 자버려요. 일단 자고 나서 새벽에 일어나서 할 거라는 학생들은 안 됩니다. 무조건 바로 시작. 공부 먼저 하고 다른 일을 하세요. 일단 공부를 시작해야 공부의 습관이 생깁니다.

#휴대폰과 인터넷은 절대금지

공부 시간에 가장 나쁜 습관은 휴대폰 켜놓고 공부하는 습관. 공부 좀 할 만하면, 딩동, 뭐하니, 밥 먹었니, 이런 거 휴대폰에 신경이 다 가 있습니다. 대낮에 학생 제자들한테 문자가 옵니다. 애들이 오늘 쉬는 날인가 싶어서 전화하면 안 받고 문자를 다시 보냅니다. 수업 중이라 못 받아요. 문자로 보내주세요. 수업시간에 말이 안 되는 행동입니다.

또 공부하면서 메신저 켜놓는 친구들. 공부가 될 리가 없습니다. 인터넷 강의 들으시려면 거실이나 학교 도서실 같이 딴짓 못 하는 곳에서 들으세요. 공부의 습관을 제대로 만들려면 휴대폰, 인터넷은 무조건 꺼놓으셔야 됩니다.

꼭 공부가 아니더라도 요즘은 특히 스마트폰 때문에 많은 친구들이 휴대폰 하고만 놀아요. 휴대폰에 너무 마음 뺏기면 하나님이 싫어하십니다. 저는 요즘 휴대폰 꺼놓는 것에 대한 기쁨에 빠져 있습니다.

제가 사역을 다니니까 휴대폰으로 집회 요청이 오고, 강의 요청이 옵니다. 어떤 때는 집회 요청이 막 오는데, 어떤 때는 집회 요청이나 강의 요청이 없습니다. 그럼 마음이 불안해집니다. 이상하네. 왜 날 안 부르지. 지난 여름에 하나님께 정말 많이 혼난 적이 있습니다. 내가 너를 필요하면 부르는 거지, 네가 원한다고 가는 게 아니야. 그때부터는 낮과 저녁 예배 시간 전후로 휴대폰을 한두 시간씩 꺼놓는 습관을 가집니다.

그런데 참 재미있는 건 그다음부터 휴대폰을 꺼놓고 나면 문자가 오지 않습니까. 전화 왔다고. 그 문자들에 저를 필요로 하는 전화들이 딱딱 올 때마다 너무 감사하고 궁금해집니다. 도대체 누가 나를 찾았을까? 휴대폰을 껐다 켜는 재미 쏠쏠합니다. 우리 모두 휴대폰 꺼봅시다. 공부할 때, 수업시간은 무조건 꺼봅시다.

#공부가 끝나도 영광!

학생이면 제일 중요한 일이 공부입니다. 그런데 성적이 떨어졌습니다. 노력하면 성적 유지는 할 수 있는데 공부를 안 해서 떨어졌습니다. 그러면 울지는 않더라도 반성은 해야 합니다. 회개하거나 돌이켜야 되는데 요즘 학생들 성적 뚝 떨어지면 어떻게 하죠? 잊어, 잊어, 공부가 전부냐, 노래방 가자, 피씨방 가자, 놀러 가자. 성적이 떨어지면 마음을 가다듬고 더 잘하려고 노력한 다음에 쉬어야 되는데, 마음 안 잡고 놀아버리면 그게 굳어집니다. 못해도 할 수 없지 뭐. 쉬지 말라가 포인트가 아닙니다.

시험 끝나고 해방이라고 놀러 가는 것보다 시험 끝나면 교회부터 와야 하지 않을까요? 교회 와서 하나님 앞에 내가 최선을 다하지 못했음을 회개하고, 최선을 다했으면 결과를 주님께 맡기는 시간을 가지세요. 그렇게 하나님께 맡기면 하나님이 책임지십니다.

제가 고등학교 1학년 때 처음 예수님을 만났을 때 들었던 이야기가 아무것도 해보지 않고 실패하기보다는 위대한 일에 도전하고 결과를 하나님께 맡기자. 결과를 맡기는 시간, 공부 끝나면 반드시 하나님 앞에서 점검하는 시간. 교회 와서 예배시간에 성적 떨어졌으면 울고, 올랐으면 감사하고 영광 돌리는 시간을 가져보세요. 공부도 성적도 하나님께 맡겨보세요. 하나님께서 든든하게 책임지십니다.

#꿈을 위해 함께 공부하는 나의 친구들

민족사관학교 친구들 인터뷰 기사를 읽었습니다. 옆방에 불이 꺼지기 전에는 불을 끄지 않는답니다. 옆방 학생 방에 불이 꺼지면 그때부터는 촛불 켜고 조금 더 공부하는데 그래야 겨우 마음이 놓인답니다. 그렇게 함께 열심히 공부하는 분위기가 되니까 대학 원서 쓰면 미국 유명대학에 척척 붙는 게 아니겠습니까. 좋은 습관의 친구들이 같이 뛰니까 함께 전진합니다.

우리는 경쟁 상대가 누구냐에 따라 자만하지 않고 최선을 다해 뛰게 되는데, 우리 학생들의 경쟁 상대는 누구죠? 게임머니 1조 5천억 있는 사람, 아이템 더 많이 모은 사람, 살 많이 뺀 사람, 미모 잘 가꾼 사람. 이런 사람이 경쟁 상대가 되면 답이 없습니다. 그런 사람 말고 정말로 오늘 나의 꿈과 비전을 이루기 위해 최선을 다하는 사람이 경쟁 상대가 되어야 합니다. 친구와 함께 좋은 습관을 만들어 가며 꿈과 비전을 이루어가는 멋진 팀을 만들어보세요.

다니엘과 세 친구들 보세요. 하나님을 향한 꿈과 비전을 굽히지 않고 충성하니 풀무불이든 사자굴이든 어디가든 만사형통입니다. 좋은 친구들과 함께 꿈과 비전을 위해 열심히 공부하는 습관을 만들어 새로운 미래를 만드시기를 축복합니다.

문제의 습관을
바꿉시다

우리는 문제가 생기면 누군가와 이야기를 나누고 싶어 합니다. 어떤 사람은 5년을 잡고 얘기해도 5년 동안 얘기한 게 5분도 못 가는 사람이 있습니다. 밤새도록 상담을 했는데 그다음 날 똑같아요. 오래 상담하는 것을 좋아하는 사람이 있습니다. 누군가와의 대화를 통해서 문제를 해결하려고 하는데 절대로 해결할 수 없습니다. 대화만으로 절대 문제를 해결할 수 없고, 자신의 실생활이 변해야 합니다.

그런데 어떤 친구들은 5분을 이야기해도 평생이 변하는 사람이 있어요. 리더의 한 마디, 지도자의 한마디 이야기에도 눈치채고 반응하는 사람들. 그런 사람들이 성공합니다. 살아가며 매일 매일 부딪히는 문제들. 삶 속에 일어나는 여러 가지 문제들을 지혜롭게 해결하면 우리의 미래도 한결 시원하게 뻥 뚫리게 됩니다. 오늘은 그 문제들에 대처하는 습관을 만나봅시다.

#답을 아는 게 힘

어려움에 처할 때마다 이스라엘 민족을 구해낼 수 있었던 것은? 여호수아와 갈렙의 믿음과 결단, 다니엘의 총명, 에스더의 지혜. 이스라엘 백성들은 죽을 고비를 정말 많이 넘겼습니다.

구약을 읽다 보면 백성들 하는 짓이 하도 한심해서 막 화가 날 때가 있습니다. 내가 하나님이면 막 때리고 싶습니다. 우리 삶도 하나님이 때리실 때 있지 않습니까. 돌아와라. 이렇게 하지 마. 그럼에도 불구하고 돌아오면 또 살려주십니다. 우리가 하나님께 나아갈 때, 하나님의 답을 아는 게 힘입니다.

사람들은 돈 없으면, 좋은 대학 못가면, 성공 못 하면 실패한 줄 압니다. 그런데 돈 있는 사람들도, 공부 잘하는 사람들도, 성공한 사람들도 마지막에 실패할 수 있습니다. 연이어 보도되고 있는 자살하는 사람들에 대한 뉴스를 생각해보세요. 전직 대통령도 자살했고, 인기 있는 연예인도 자살했고, 연봉 10억 넘는 대기업 사장님도 자살을 선택하는 비참한 결과가 있었습니다. 그분들은 돈도 명예도 인기도 많은 것을 가지고 있었지만 한 가지가 없었습니다. 하나님. 하나님을 알고, 하나님에 대한 모든 것을 배우는 것이 지혜입니다.

문제에 대처하는 습관 중에 제일 중요한 건 우리가 영적인 군사가 되어서 가라면 가고 서라면 서고 돌아가라면 돌아가는 그런 훈련을 받아야 합니다. 우리는 군사가 되려 하기보다는 말만 하는 사람이 될 때가 많습니다. 내가 알고 있는 대로 요렇게 요렇게 해. 그래놓고 자기는 안 합니다.

우리는 하나님이 주시는 답을 알아서 따라갈 수 있는 영적인 군사가 되어서 내가 못하는 것까지도 전진하고 나아가는 습관을 만들어야 합니다. 군사는 월급이 얼마가 되는지, 먹는 게 뭐가 나오는지, 생각 안 해요. 주면 먹고, 일어나라면 일어나고, 가라면 가고, 자라면 잡니다. 문제가 몰려 와도 당황하지 마세요. 영적인 군사, 하나님의 답을 향해 전진만 기억하세요.

#하시고자 하시면 한 방이요!

얼마 전에 어떤 친구가 저에게 목사님은 어떤 일기를 쓰세요? 라고 방명록에 글을 남겼습니다. 그래서 예배의 일기를 쓴다. 댓글을 남겼어요. 예배드리기 전에 많은 문제를 가지고 간다. 오늘은 이런 일이 있었고, 내일은 이랬으면 좋겠다. 하지만 매일 예배를 드리며 비바람이 몰아치는 문제가 문제 되지 않습니다. 오직 예배를 통해서 새로운 은혜가 오고, 새로운 힘이 나기 때문에 예배는 문제에 대처하는 최고의 습관입니다.

그런데 우리는 문제가 생기면 컴퓨터 앞에 앉습니다. 게임을 하고, 인터넷을 합니다. 친구들에게 이야기합니다. 그런데 이거 해보고, 저거 해보고, 아무리 딴짓을 해봐도 문제를 어떻게 해결할지 막막하기만 합니다. 많은 분들이 문제 때문에 잠을 못 잡니다. 문제 때문에 밥도 못 먹습니다. 문제 때문에 예배도 못 드리는 분들이 많습니다.

그런데 여러분, 하나님이 설마 그거 해결 못 하시겠습니까. 그거 하나 해결 못해서 하나님이 전전긍긍하시겠습니까. 믿고 맡기셔야 됩니다. 하나님이 하시고자 하시면 한 방이에요. 그 진리를 아는 게 힘입니다.

블레셋 때문에 이스라엘 왕과 모든 백성들이 벌벌 떨고 있을 때, 다윗이 터덜터덜 걸어가잖아요. 넌 죽었어. 그리고 다윗이 돌팔매와 작은 조약돌 하나로 거대한 골리앗을 한 방에 해결하지 않습니까. 조약돌 하나가 골리앗을 죽일 수 있었던 것처럼 여러분들의 믿음의 기도 한 방, 믿음의 찬양 한 방으로 정면승부 하세요.

힘든 일 있으면 일찍 주무세요. 새벽 예배 가세요. 금요 철야 가세요. 작정 금식하세요. 하시고자 하시면 한방이라는 믿음으로 나아가세요. 하나님이 하십니다. 우리는 골리앗 앞에서 덜덜 떨기만 합니다. 우리 앞의 골리앗 때문에 놀라지 마세요. 문제 때문에도 놀라지 마세요. 그 모든 일은 하나님께 달려있다는 것. 그러니까 말씀 받으면 힘나고, 그 일이 이루어지면 신나고, 하시고자 하시면 한방입니다!

#문제가 생기면 영적인 스승님께

힘들고 어려울 때, 문제가 생겼을 때 누구와 이야기하세요? 저 같은 경우는 문제가 생겼을 때 하는 행동은 하나밖에 없습니다. 일단 스승 목사님께 전화하거나 문자를 보냅니다. 밤새도록 고민해서 목사님 어떻게 해요. 너무 괴로워요. 그러면 스승 목사님께서 그러십니다. 그러지 마. 잊어.

저는 어머니 복음화 때문에 20년 동안 힘들었습니다. 얼마 전에도 스승 목사님께 어머니 때문에 너무 힘들어요. 그랬더니 목사님께서 신경 쓰지 말고 예배나 잘 드려. 사역이나 잘하고 와. 그래서 신경을 안 썼더니 어머니가 아무 문제 없이 돌아오셨습니다. 오늘 내가 부딪히는 문제들은 하나님이 나를 훈련하기 위한 고난입니다.

그런데 이 고난에 너무 예민하게 반응할 필요 없습니다. 좋은 군사가 되려면 고난을 이겨내는 훈련을 받아야 하는데 힘들고 어려울 때 불평하고, 실망하는 훈련을 받아서는 안 됩니다.

오늘 누구에게 한마디를 듣느냐가 내 문제에 대처하는 제일 좋은 습관입니다. 힘들고 어려울 때는 영적 스승에게 믿음의 스승에게 한 마디 물어보세요. 딱 5분만 들어도 답이 나옵니다. 세상 사람들은 문제 있으면 아무것도 해결해줄 수 없는데 사람한테 가서 웁니다. 술이나 한잔하자고 만납니다. 그건 문제를 해결하는 방법이 아니라 잠시 망각하게 하는 진통제에 불과합니다.

문제가 생겼을 때는 예배드리러 가자. 기도하러 가자. 목사님한테 가서 기도 받자. 문제 때문에 걱정하지 마세요. 문제는 반드시 넘어갈 수 있습니다.

예방의 습관을
바꿉시다

#전염병 재앙이 시작되었다!

전염병이 전국을 휩쓸고 있습니다. 구제역, 조류독감으로 60만 마리 이상의 가축들이 살처분되었고, 작년에 이어 올해에도 신종플루 사망자가 다시 발생해 사람들이 모두 두려움에 떨고 있습니다. 그렇다면 이런 전염병들은 왜 생겼을까요? 우리는 성경에서 원인을 찾아봅시다.

> 네가 만일 이 책에 기록한 이 율법의 모든 말씀을 지켜 행하지
> 아니하고 네 하나님 여호와라 하는 영화롭고 두려운 이름을 경
> 외하지 아니하면 여호와께서 네 재앙과 네 자손의 재앙을 극렬
> 하게 하시리니 그 재앙이 크고 오래고 그 질병이 중하고 오랠

것이라. 여호와께서 네가 두려워하던 애굽의 모든 질병을 네게
로 가져다가 네 몸에 들러붙게 하실 것이며 또 이 율법책에 기
록하지 아니한 모든 질병과 모든 재앙을 네가 멸망하기까지 여
호와께서 네게 내리실 것이니. (신명기 28:58~61)

요즘 전염병이 워낙 심하다 보니 모두 두려워하지 않습니까. 이런 질
병들은 하나님이 하나님을 경외하지 않는 자들, 하나님 앞에 말씀을 지키
지 않는 자들에게 허락하시는 것입니다. 말씀에 나와 있습니다.

애굽의 모든 질병을 가져다가 이스라엘 백성에게 주고, 성경책에 기록
되지 않은 질병들 사스, 조류독감, 구제역 이런 모든 질병들을 네 몸에 들
러붙게 하시겠다고 말씀하셨습니다. 지금 전 세계와 열방이 워낙 악한 세
대, 하나님을 떠난 세대이니 우리 몸속에, 가축들의 몸속에 질병을 들이
붓고 계십니다. 이럴 때 우리가 회개하고 돌이켜야 됩니다. 우리만 멸망
하는 게 아니라 내 자손이 우리 후대까지 위기 상황에 빠져 있어요. 63절
에 더 중요한 말씀이 나와요.

여호와께서 너희에게 선을 행하시고 너희를 번성하게 하시기
를 기뻐하시던 것 같이 이제는 여호와께서 너희를 망하게 하시
며 멸하시기를 기뻐하시리니 너희가 들어가 차지할 땅에서 뽑
힐 것이요. (신명기 28:63)

무서운 말씀입니다. 하나님께서 이스라엘 백성을 애굽에서 데리고 나
오실 때 복 주시기 위해 데리고 나와서 가나안 땅으로 인도하셨는데, 나

왔더니 우상 숭배에 내 맘대로 살고 불평에 불만에 하나님을 두려워하지도 않으니까. 이제는 망하게 하시고 멸하시기를 기뻐하신다고 합니다. 하나님께서 인간들을 한탄하십니다.

백 년 전 우리 민족에 복음이 들어왔을 때 하나님 앞에서 회개하고 가정을 살리고 교회에 충성하니 우리 민족을 너무 기뻐하셨는데, 이제는 백년 만에 온갖 우상숭배는 다 있고, 싸움이란 싸움은 다 있고, 믿는 자들이 더 심한 행동을 하고, 그러니 이제 하나님이 우리 민족을 망하게 하시는 것을 기뻐하시는 무서운 일이 일어날 수 있습니다.

전염병을 두려워하는 사람들이 예방법을 알고 조심해야 하듯이 우리도 이 모든 질병, 망하게 하는 모든 것들을 없애기 위해서 영적으로 철저히 예방해야 합니다.

#하나님을 경외하는 자

오늘 신명기 말씀에서 네 하나님 여호와라 하는 영화롭고 두려운 이름을 경외하지 아니하면 이라는 조건문이 나옵니다. 하나님을 경외하는 마음, 즉 하나님을 두려워하는 마음을 가지셔야 합니다.

신종 인플루엔자 때문에 모두가 얼마나 두려워했습니까. 학교에서도 입구에서 체온을 재서 열이 나는 사람은 돌려보내고, 손 소독에 마스크에 철저하게 대비를 합니다.

아니 일개 감기에도 그렇게 두려워하면서 왜 하나님을 두려워하지 않으세요? 질투의 하나님, 징계의 하나님, 무서운 하나님이십니다. 예배시간에 손톱 깎는 사람, 문자 보내는 사람, 조는 사람, 숙제하는 사람, 게임을 하고 장난치고, 설교 시간에 딴소리하는 사람. 예배를 의도적으로 방해하는 사람들도 있습니다. 그런 사람은 하나님을 경외하지 않는 행동입니다.

예전에는 예배시간에 제사장들이 예배를 잘 못 드리면 성막 안에 들어갔다가 죽어서 나왔습니다. 예배드리러 지성소에 들어갈 때 발에 끈 묶어서 오랫동안 안 나오면 끌어냅니다. 생명이 걸릴 정도로 소중한 예배인데, 이제는 예배시간에 하나님을 두려워하지 않습니다. 하나님을 경외하지 않습니다.

하나님이 우리에게 왜 무서운 질병을 주셨을까요? 생각해보세요. 하나님이 오늘 나를 축복하는 것을 기뻐하실까, 나를 망하게 하는 것을 기뻐하실까.

저는 아프면 기뻐합니다. 더 깨어있을 수 있기 때문입니다. 하나님이 이스라엘 백성들에게 질병을 주시는 이유는 백성들을 살리고 싶어서입니다. 내 백성이 아니면 죄를 짓든 말든 마음대로 하라고 상관을 안 하십니다. 하나님이 우리에게 감기를 주시든 신종 인플루엔자를 주시든 어떤 질병을 주시 든 겁내지 마세요. 구제역, 신종 인플루엔자는 아무것도 아닙니다. 이젠 그 이상의 질병이 생긴다니까요. 그래도 우리는 두려워하지 않습니다. 우리를 사랑하시기 때문에 우리를 낮게 하시려고 바르게 살게 하시려고 주시는 거니까요. 오늘 죽어도 하나님 앞에 부끄러움 없는 인생을 살아가는 것이 우리에게는 더 중요합니다.

나는 너를 망하게 하는 것을 기뻐하지 않아. 너를 축복하는 것을 기뻐한단다. 하나님은 오늘도 말씀하십니다. 하나님은 주고 싶어서 안달이 나셨습니다. 하나님 앞에서 잘못했습니다. 인정하세요. 주님을 더 경외하며

살겠습니다. 고백하세요. 하나님을 두려워하는 마음을 갖는 것이 영혼 건
강의 비결입니다.

시험에 대처하는 습관을
바꿉시다

오한, 콧물, 기침. 감기 조심하세요~ 귀여운 소녀는 오늘도 크게 외칩니다. 일교차가 큰 환절기나 겨울에는 감기에 걸리기 쉬워요. 누구나 쉽게 감기에 걸릴 수 있고, 건강한 사람은 금방 낫습니다.

그런데 중요한 것은 감기를 오래 내버려 두면 축농증이 될 수 있고, 폐렴이 될 수도 있습니다. 영적으로도 감기에 걸릴 수 있는데, 영적인 감기를 시험이라고 합니다.

선풍기를 틀어놓고 잔다든지, 쌀쌀한 날씨에 반팔 입고 다닌다든지 아주 사소한 이유로 감기에 걸리는 것처럼 영적인 감기도 아주 사소한 이유로 걸립니다. 영적인 감기에 걸리면 어떻게 대처해야 할까요? 영적인 감기인 시험에 대처하는 우리의 습관, 오늘도 정확하게 진단하고 치료해 봅시다.

#영적 리더의 처방전

시험에 들면 아주 간단한 일도 자꾸 꼬입니다. 평소에는 기분 좋게 하던 일도 짜증나고 힘들어집니다. 그러면 시험에 들었을 때는 어떻게 대처해야 할까요?

많이 먹는 사람도 있고, 많이 자는 사람도 있고, 대부분의 사람들이 시험에 들면 혼자 있습니다. 요즘 아이들은 혼자 MP3로 음악을 듣습니다. 피씨방 가서 게임에 빠지는 사람도 있고. 아버지들은 힘들면 술을 마십니다. 우리가 감기에 걸리면 누구 말을 제일 잘 들어야 하죠? 의사 선생님 말씀을 잘 들어야 합니다.

영적인 시험에 들어도 똑같습니다. 영적인 의사 선생님이신 목사님을 찾아가고, 전도사님을 만나서 조언을 구하세요. 나의 아픔을 정확하게 진단하고, 정확하게 치료해주는 사람은 나의 회복을 위해서 같이 싸워줄 수 있는 사람입니다.

예배와 말씀으로 어두워진 마음에 기쁨을 뿌려줄 수 있는 사람, 나를 위해 눈물 흘리며 기도해줄 수 있는 사람, 영적인 리더는 우리에게 탁월한 처방전을 주십니다. 눈물의 기도가 뿌려진 처방전, 우리가 다시 하나님 품으로 돌아갈 수 있는 징검다리를 놓아 주시는 처방전, 나의 영혼의 회복을 위해 부르짖는 처방전은 하나님의 답을 아는 영적인 리더의 말씀입니다. 영적인 리더의 말씀을 명심해서 들으세요. 그러면 어떤 어려움이 와도 끄떡도 없습니다. 우리 주님이 확실하게 지켜 주십니다.

#땀 한 번 쫙 빼고~

이상하게 예배드리기 싫고, 기도하기 싫고, 찬양하기 싫을 때는 영적인 감기에 걸린 겁니다. 감기에 걸렸을 때 땀 한 번 쭉 빼면 정신이 맑아지고 몸이 개운해지지 않습니까. 그래서 감기에 걸리면 이불을 푹 덮어씁니다. 옷을 더 입고 땀을 냅니다. 영적으로도 땀을 뺄 수 있습니다. 주여 크게 부르짖는 것. 시험에 들면 기도를 해도 더 크게 하세요.

시험에 들었을 때는 가요를 들으면 안 돼요. 텔레비전도 보면 안 돼요. 찬양만 듣고, 말씀만 읽고, 예배드릴 때 오히려 목사님 눈을 더 똑바로 쳐다보면서 아멘 아멘 하면서 영적인 땀을 쫙 빼보세요. 그러면 어느 순간 갑자기 개운해진 걸 느낄 수 있습니다.

저는 지난 명절에 크게 시험에 든 적이 있었어요. 가족 중에 형님 한 분만 차례를 지내시는데 제가 그걸 못하게 하려고 막아서 집안이 발칵 뒤집혔습니다. 38년 만에 처음으로 명절을 가족과 함께 못 보냈습니다. 마음이 아프고 힘들어서 연휴 기간 5일 내내 예배만 드렸습니다. 손뼉 칠 때 엄청 크게 치고, 목이 터져라 찬양하고 기뻐하며 영적인 땀을 뺐습니다. 큰 시험이 될 수 있었는데 예배로 이겨버렸습니다.

땀 쭈욱 빼시고 마지막으로 처방전에 있는 약 드셔야죠. 우리에게 최고의 약은 뭐죠? 바로 구약과 신약. 살살 버무려서 꿀꺽 드시면 명약입니다.

#시험전염금지

감기에 걸리면 행동을 조심하게 됩니다. 기침을 해도 사람을 향하지 않고, 음식을 먹어도 뒤적거리지 않고, 수건도 자기 것만 사용합니다. 감기 걸렸을 때는 내가 실수로 걸린 거니까 나 하나에서 끝나야 여기저기 옮기면 안 되니까요. 영적인 시험에 든 사람도 똑같습니다. 내가 시험에 든 거니까 조심해야지 다른 사람을 같이 시험에 들게 하면 절대 안 됩니다.

괜히 여기저기 다니면서 우리 목사님 얘기 들었니. 우리 회장 얘기 들었니. 자기 시험 든 이야기를 남에게 하는 친구들이 있습니다. 특별히 듣는 사람이 교회 얼마 안 나온 어린아이 같은 믿음의 초신자인데 그런 이야기를 막 합니다.

감기 걸린 사람은 어린아이 있는 집에 못 들어갑니다. 손도 못 잡고, 입도 못 맞춰요. 철저하게 조심시키는 이유는 어른들이야 감기 걸리면 나을 수 있지만, 어린아이는 감기 때문에 죽을 수도 있기 때문입니다. 그러니 우리가 시험에 들었을 때는 사람들 앞에서 입을 조심해야 합니다.

영적인 감기에 걸렸다. 그럼 더 조심하세요. 빨리 이겨내려고 애를 써서 혼자 힘으로 이겨내야지, 퍼트리는 사람은 더 나쁜 죄를 짓고 있는 것입니다. 하나님은 말없이 우리 대화를 듣고 계십니다. 나중에 혼자 다 나은 다음에 남들 아파서 골골거리는 거 보면서 너도 감기 걸렸니? 그러면 정말 얄밉잖아요. 자기한테 옮아서 다 아픈 건데.

더 무서운 사실은 만약에 그 말 한마디 때문에 누군가가 시험에 들어서 교회에 안 나오면 누가 책임져야 할까요? 아주 작은 불평, 불만 말 한마디가 누군가의 신앙생활을 끝나게 할 수도 있습니다. 그러니 영적인 감기, 시험에 걸렸을 때는 특별히 입조심! 결국 믿음은 영혼 구원입니다. 영혼을 사랑하는 마음이 있다면 반드시 시험전염금지! 행동으로 실천하는 우리가 됩시다.

존재의 습관을
바꿉시다

세상에는 4가지 종류의 사람이 있다고 합니다. 있으나 마나 한 사람, 있어서는 안 되는 사람, 비평만 하는 사람, 꼭 있어야 하는 사람.

예수님 당시에도 예수님을 쫓아다녔던 수많은 사람이 있었지만 예수님의 고난과 함께 한순간에 사라져버렸습니다. 물고기 먹고 떡 먹을 때는 엄청나게 많은 사람들, 어려움이 닥치자 순식간에 사라져버리는 큰 무리의 사람들, 있으나 마나 한 사람들입니다.

있어서는 안 될 사람은 우리 유다 아저씨, 있기는 있는데 비평만하는 사람은 바리새인들이고, 꼭 있어야 하는 사람은 예수 님 곁에서 끝까지 지켰던 여인들과 제자들이 있습니다.

이렇게 사람은 존재의 이유가 다 다른데 우리는 어떤 사람이 되어야 할까요? 꼭 있어야 하는 사람이 되기 위해 우리가 살아가는 존재 이유에 대한 습관, 엑기스만 쏙쏙 뽑아드리겠습니다.

#같이 싸워줄게!

무당과 목회자의 차이점이 무엇인지 아십니까? 무당은 늘 너희 집에 무서운 일이 있을 거야. 상대방에게 겁을 줍니다. 그 사람이 무서움에 떨 때 돈을 뜯어냅니다.

저희 외할머니가 무당이셔서 굿하는 걸 많이 보며 자랐습니다. 어허 어허 이 집에는 뭐가 보여. 이런 것들을 많이 강조하시고 겁을 많이 줍니다. 겁만 주고 싸워주지는 않습니다.

그런데 목회자와 신학생과 주님을 믿는 사람들은, 누군가에게 안 좋은 일 있고 어려운 일 있으면 같이 기도로 싸워주고 같이 예배로 싸워주고 같이 찬양으로 싸워줍니다.

겁만 주지 말고, 외면하지 말고, 같이 싸워줄 수 있는 믿음의 사람이 됩시다. 엄마 이러면 안 돼. 아빠 이러면 안 돼. 너 이러면 안 돼. 말만 하지 말고, 엄마를 위해서 아빠를 위해서 기도하며 같이 싸워주는 사람. 우리 기도가 싸움이고, 찬양이 싸움이고, 예배가 싸움입니다. 악한 영과 사단과 싸워주는 것이 진짜 사랑하는 겁니다.

나의 존재는 내가 누구와 싸워주느냐가 결정합니다. 지금 스타 크래프트와 싸우신다면, 서든과 싸우신다면 여러분의 존재 이유는 없습니다. 지금 이 시간에도 공부와 싸우고 죄와 싸우고 가정 복음화와 학원 복음화를 위해 싸우신다면 당신이 진정한 미래의 리더입니다.

#하나님의 꿈을 펼치는 사람

우리는 하나님의 계획과 하나님의 꿈을 펼치는 사람입니다. 제발 내 계획과 꿈을 하나님의 뜻이라고 말하지 마세요. 내 생각과 하나님의 생각은 다를 수 있습니다. 의사가 되어서 선교하겠다고 말할 수 있지만, 하나님은 의사가 아니라도 선교하라고 하실 수 있습니다.

내가 가고 싶은 대학이 있지만, 하나님이 원하시는 대학이 있을 수도 있습니다. 공부를 못해서 운이 없어서 어쩔 수 없이 가는 대학이 아니라 하나님의 뜻과 계획으로 가는 대학이니 영광입니다. 보내주셔서 감사합니다. 그렇게 영광 돌리고 감사드리는 습관이 있어야 되는데, 우리는 항상 자기 기준으로 생각합니다. 내가 좋아하는 곳에만 가려고 하고, 내가 가고 싶은 곳에만 가기를 바랍니다. 그래놓고 다 하나님 뜻이었다고 내가 복음을 씁니다.

어느 날 교회 동료 목사님의 노트 표지를 봤습니다. 그 표지 그림에 독수리가 날개를 짝 펼치고 날고 있고, 나의 꿈을 향해라. 멋있는 글씨로 쓰여 있었습니다. 그 목사님이 '나의'라는 글자에 검은 볼펜으로 진하게 엑스 자를 짝짝 치시고, 거기 '주님'이 라고 쓰셨더라고요.

세상 사람들은 나의 꿈을 향해 달려라, 가르칩니다. 하지만 우리는 그 꿈 지워야 됩니다. 볼펜으로 짝짝 화이트로 깔끔하게 지워버리고 주님 꿈을 향해 날아라. 주님 꿈을 향해 훨훨 날아가며 내 존재를 주님께 드리는 사람은 미래에 대박 나는 인생으로 바뀔 수 있습니다.

#희생으로 열매 맺기

어머니의 존재하면 제일 먼저 떠오르는 단어는 희생. 어머니의 희생이 없었으면 우리는 자랄 수 없었습니다. 교회에서도 담임목사님, 기도하시는 권사님들, 봉사하시는 집사님들에게는 희생이라는 단어가 따릅니다.

에스겔 선지자는 아내가 죽어도 애곡하지 않고 그날 복음 전하러 갑니다. 예레미야, 바울, 스데반 모두 복음에 자신의 전부를 희생했습니다. 자신이 가진 모든 것, 결국 생명까지도. 그들의 희생 때문에 우리는 초대교회를 거쳐 대한민국이라는 나라에서 마음껏 예배드릴 수 있게 되었습니다. 결국, 누군가가 희생해야지 가정 복음화, 교회의 부흥과 민족의 부흥이 이루어질 수 있습니다.

요즘은 나 자신이 우상인 시대입니다. 교회에서도 희생 많이 하고 손해 많이 보면 바보 취급을 합니다. 고등학교 때는 대학가야 되니까 내 시간 절대 희생할 수 없습니다. 대학 가면 학점 잘 따고 스펙 좋아야 연봉 높은 회사에 취업할 수 있으니까 거기에 올인합니다. 내 시간과 내 물질을 하나님께 희생할 수 없습니다. 좋은 회사 가면 치열한 경쟁에서 살아남아야 되니까 하나님께 드릴 시간이 없는 건 당연합니다. 그땐 벌써 하나님께 드릴 마음도 다 사라지고 없습니다.

지금부터 더디더라도 바르게 살아가기로 결심을 하세요. 그래야 창조주이신 하나님께서 나를 이 세상에 존재하게 하신 이유대로 아름답게 살 수 있습니다. 하나님이 빚으신 대로 살아야 진짜 행복하게 살 수 있어요. 대접으로 빚으셨는데 간장 종지로 살면 행복하겠어요? 물탱크로 빚으셨는데 세숫대야로 살면 행복하겠어요? 내 그릇대로 하나님께 영광 돌리면서 사는 게 최고의 행복입니다. 세상 것에 너무 욕심내지 마세요. 내 시간, 내 물질, 내 건강, 내 가족 너무 내꺼 내꺼 하지 마십시오.

그리고 바보 취급당하더라도 더 희생하세요. 더 손해 보세요. 정말로 하나님이 다 아신다니까요. 하나님은 작은 행동 하나, 말 한마디 정확하게 지켜보고 계십니다. 그리고 세밀하게 기록하고 계십니다. 하나님 앞에서 정산하는 날, 주님께서 기록하신 생명책 장부 펼치면 어떻게 살았는지 견적 딱 나옵니다. 시키는대로 하라는 대로 아낌없이 희생하는 존재 되셔서, 천국의 날에 야호! 신나게 외치는 여러분 되시기를 축복합니다.

PART 3

코로나 시대,
새로운 마음,
새로운 습관

재난문자, 기도문자

오늘 하루종일 울리는 재난문자입니다. 어찌 보면 정말 이번 코로나 19의 문제는 사람의 생명과 직접적인 연관이 있다 보니 온 나라가 아니 전 세계가 긴장하고 함께 이겨내려고 애쓰는 것 같습니다.

한번 한번 울리는 재난문자를 볼 때마다 그냥 놀라며 받는 것이 아니라 이제는 워낙 자주 울리니 재난문자가 울릴 때마다 잠시 하던 일을 멈추고 기도를 하게 됩니다. 주님 도우시고 긍휼히 여겨 달라고요.

특별히 질병관리 본부와 여러 의료진들이 최선을 다해 진짜 사투를 벌이고 있으니 국민의 한 사람으로 진심의 마음으로 함께 기도라고 힘이 되길 소망하며 다들 영육 간에 건강 조심하시길 기도드립니다.

통장 잔고, 사람 부자

사람 부자. 제 통장 잔고에는 사람이 많습니다. 이번 코로나 19라는 태어나서 그리고 사역을 시작하고 처음 경험해 보는 이 년 이상 모든 것을 할 수 없는 위기 속에 하루하루를 버티어야 하는 시기에 결국 저에게 우리에게 남아있는 것이 무엇인가를 봅니다.

번개탄TV 유튜브 부흥회에서 친구 강은도 목사가 말해 주는데 지금 코로나 19 때문에 사람들이 현금만 모은다고 합니다. 원래 세계적인 위기에는 금을 모았다는데 이번에는 사람들이 금도 아니고 현금만을 확보하고 있다고 전해주는데 그런가 봅니다.

지난밤 새벽에 잠이 오지 않아서 내 나이 50살 예수 믿은지 33년 청소년 사역을 하겠다고 신학교에 간 지 30년 청소년 사역을 하겠다고 징검다리선교회를 만든지 26년 그동안 나는 무엇을 했고 무엇을 모았는가를 한번 깊이 생각해보는 시간이 있었습니다.

제가 사역하다 십 년 전에 법원에서 파산했다가 삼 년 전에 개인회생이 끝난거야 많이들 아실테고…. 지난 30년간 수도 없이 도전한 다음세대 사역과 특별히 코로나 시대를 시작하며 이주 만에 시작된 유튜브 번개탄TV가 정규 방송이 될 줄 정말 몰랐답니다.

통장에 잔액은 징검다리선교회가 잘하면 한두 달 정도 버틸 정도의 재정만 남았는데 (물론 이것도 다른 선교단체들의 환경에 비하면 정말 많은 거랍니다 ㅠㅠ) 그렇다면 사실 모아놓은 것도 가진 것도 남은 것도 거의 없는 실패한 인생이고 시간일 수 있을 텐데요.

요즘 저는 통장에 잔고가 너무 많아 매일 매일 놀라고 있습니다. 그 잔고는 바로 현금이 아닌 사람들이랍니다. 가장 힘들고 어려울 때 함께하자 손 내밀면 언제든지 잡아주고 앞에서 끌어주고 뒤에서 밀어주고 옆에서 같이 걸어가 주는 진짜 소중한 사람들.

코로나 19로 아무것도 할 수 없을 때 진짜 다음세대 위해서 무엇을 해야 하나라고 기도하고 있을 때 무어라도 마음껏 하시라고 기도하며 후원하며 응원으로 힘을 실어준 이름도 없고 빛도 없는 소중한 동역자들의 사랑과 언제나 끝날지 어떻게 끝날지 모르는 끝날이 정해지지 않고 달려가고 있는 번개탄 유튜브 부흥회를 한 주에 다섯 번 시작했다가 이제 4주째를 넘기며 하루 9시간 실시간 생방송 예배를 일주일에 5일씩 리더 잘못 만나 같이 죽어라 뛰고 있는 선교회에 함께하는 스텝들의 수고와 진행자들의 섬김의 모습 정말 이들 중에 단 한 명이라도 움직여 주지 않으면 절대로 불가능한 사역이랍니다.

그리고 뭔지도 모르고 어떻게 해야 하는지도 모르는 유튜브 부흥회와 유튜브 수련회 등 지난 3년 동안 수도 없이 다양한 특집방송을 시작하며 무작정 힘을 실어달라고 전화를 했을 때 아무런 조건 없이 달려와 주어 저보다 더 열심히 찬양하고 말씀을 전하고 강의해 주신 1000명이 넘는 선후배 사역자님들의 헌신과 섬김은 정말 하루하루가 기적일 수 밖에 없음을 고백합니다.

그리고 정말 감사한 마음은 하루도 쉬지 않고 괜찮냐 괜찮냐 물어보시며 제 건강을 걱정해주며 조심하라 응원해 주는 친구와 가족들…. 네가 하는 거라면 무조건 같이한다고 말하며 교회를 빌려주고 시간을 내서 와서 설교해주고 후원을 해주며 진짜 친구가 왜 소중한지를 알게 해 준 고맙고 사랑하는 친구들과 해준 것도 부족하고 못난 선배가 밥상 한번 유튜브에 차린다고 큰판을 벌려 놓으니 이제 그거 뒷수습 해 준다고 진짜 본인이 번개탄의 노예라 말하면서 더 신나게 더 즐겁게 더 뜨겁게 시간 시간 순서 순서 아니 모든 뒷정리조차도 도맡아 해주고 있는 저보다 더 수고해주는 고맙고 사랑하는 동생 사역자들.

그리고 유명인도 아니고 연예인도 아니고 많은 것을 줄 수도 없는 그저 한국교회 다음세대 선교단체가 진짜 부족하게 운영하는 유튜브 부흥회를 (가끔 생기는 버퍼링과 음향 사고와 영상 사고 . 저 같아도 속 터져서 못 볼 텐데 ㅠㅠ) 매일 시청해 주시고 항상 다시보기로 보아주시는 적게는 수백 명 많게는 수만 명의 귀한 믿음의 가족들과 번개탄 가족들까지…. 요즘 저는 안 먹어도 배부르다는 말을 몸과 맘으로 느끼고 있는 하루하루입니다.

영화를 보다 보면 돈과 금을 금고에 넣어놓은 부자들이 가끔 혼자 금고를 보며 만족해하고 빌딩을 소유한 사람들이 자기 빌딩을 바라보며 만족해하는 장면들을 볼 수 있는데 정말 금고 속의 금도 통장 안에 수많은 현찰도 세상에 저 많은 건물 중의 하나가 아닌, 진짜 눈만 감아도 보이는 하나님이 이 땅에서 저에게 준 고맙고 소중한 사람들 소중한 동역자들 한 명 한 명 덕분에 자다가도 잠이 깰 정도로 감사하고 행복한 눈물이 흐르는 날들입니다 ㅠㅠ 오늘도 코로나 19 때문에 현장에 나가 다음세대를 만나지는 못하지만 (원래 지금이 청소년 사역자들에게는 개학부흥회로 제일 바쁜 시즌 중에 하나랍니다 ㅠㅠ) 그럼에도 포기하지 않고 유튜브와 SNS로 쉬지 않고 날마다 큐티와 말씀과 찬양을 가지고 복음을 전하는 날들 속에 진짜 다음세대에게 이 땅의 부와 명예를 위해서 살아가지 말고 건물과 돈 때문에 꿈꾸며 공부하지 말고 진정한 저 하늘의 소망과 돈이 아닌 사람을 모으는 잃어버린 한 영혼을 위해 자신의 생명까지 바친 예수님을 믿고 있고 따르고 있는 제자이며 하나님을 아버지라 부르는 자녀의 삶을 살아가는 믿음의 사람이라면 이 세상 모든 것을 잃어도 사람은 잃어버리지 않고 사람을 얻을 수 있는 사람이 되길 도전해봅니다.

우리는 이번에 코로나 19로 잃은 것도 많지만 반면에 더 얻은 것도 많은 것이 사실입니다. 하나는 인간들이 그리고 내가 우리가 만들어 놓은 것이 얼마나 약한 것인지 또한 무기력한 것인지를 깨닫게 되었고 하나님이 막으시면 정말 아무것도 할 수 없다는 사실들.

그러며 한국교회가 매일 모여 예배드림이 얼마나 큰 축복이었는지 얼마나 교회를 사랑하고 예배를 더 간절히 사모하게 되었는지…. 그리고 정말 오랜만에 한 가족이 오래오래 같은 집에 있으며 다시 한번 서로 의지하며 돌보며 걱정하며 사랑하며 살아가는지….

그리고 진짜 아무것도 할 것이 없으니 주어지는 많은 시간 속에 다시 한번 나를 돌아보며 내가 어떻게 살아야 하고 어떻게 믿음을 키워야 하는지를 돌아보게 되는 소중한 시간이 되고 있답니다.

그리고 다시 한번 사람, 하나님이 이 땅에서 가장 소중한 선물로 허락해준 사람들의 소중한 마음입니다. 이제 다시 날마다 주어지는 유튜브 방송을 섬기러 나갑니다. 9시간 실시간 생방송 예배를 진짜 치열하게 그러나 정말 즐겁고 행복하게 그리고 믿음 안에서 더 뜨겁고 간절하게 사랑하는 선후배 동료들과 그리고 자꾸 저에게 잔소리를 많이 하는 스텝들과 함께 만들어 가려 합니다.

진짜 목숨보다 더 소중한 사랑하는 주님을 위해 우리 주님이 생명 바쳐 살려내고 사랑하는 한국교회 성도님들을 위해 그리고 한국교회가 모든 것을 걸고 지켜내야 하는 다음세대 우리 자녀들을 위해서 부족하지만 작은 힘이라도 모으고 작은 달란트라도 나누며 작은 발걸음이라도 한발 한발 앞으로 나아가려 합니다. 몸은 조금 피곤해도 마음만큼은 천국 통장에 쌓여있는 소중한 사람들로 인해 천국 부자의 여유를 가지고 행복하게 시작하려 하니 같이 해 주실 거지요.

말씀을 전할 때는 말씀을, 기뻐 뛰며 춤을 추라 하시면 함께 춤을 추며 눈물로 기도해라 하실 때는 눈물의 기도로 몸과 맘을 다해 예배를 드리려 합니다. 언제나 믿음의 친구들이 있어 감사하고 오늘도 코로나 19를 막으려 애쓰는 모든 분들 위해 작지만 기도를 모아 봅니다.

우선순위, 미래 투자

오늘은 코로나 19사태가 생기고 거의 한 달 만에 집회를 했습니다. 물론 성도님들이 모여서 한 집회는 아니고 담임 목사님이 다음세대 사역을 하셨던 분이라 이런 시국에 모든 집회가 사라지면 저희 같은 다음세대 사역자들도 어려울 것 같다고 성도님들은 유튜브로 보게 하시고 몇 분만 교회에 나오셔서 멀리멀리 앉아서 일일 부흥회를 하게 되었답니다.

물론 한 달 만에 하는 집회인데도 여전히 주님의 도우심으로 감사로 예배를 마치게 되었고 힘들고 어려운 시기에 마음 써준 목사님과 성도님들에게도 감사했네요. 오늘도 여전히 우리들의 자녀와 다음세대를 위해 하나님의 마음을 나누며 지금 이 시기에 우리가 어떻게 해야 할지를 함께 나누며 저도 모르게 흐르는 눈물에 더 간절히 말씀을 전하게 되었네요.

다 마치고 집으로 올라가는 중 페이스북에 올려져 있는 글과 사진을 보게 되었습니다. 유럽에서 당신들이 축구 선수들에게 매주 매달 수십억의 돈을 주면서 생물학자들에겐 몇백만 원도 안 되는 돈을 주죠, 그러더니 인제 와서 우리에게 와서 치료제를 달라고 하네요? 호날두와 메시에게 가서 치료제를 만들어 달라고 하세요 하는 인터뷰의 내용이 짠합니다.

이런 글을 보다 보니 한국교회에서 다음세대 사역을 그래도 30년 가까이 하다 보니 직업병이 생겨서 꼭 이런 글을 보면 저도 모르게 비슷한 생각을 하곤 한답니다. 한국교회가 다음세대를 살려야 한다고 다음세대를 위해서라고 교회 건물과 교육관을 짓느라고 수십 수백억 수천억을 사용하고 방송국을 만들고 장비를 산다고 수십 수백 수천억을 사용하면서도 정작 그 교회와 교육관에서 다음세대를 가르치고 교육하는 사역자들과 그 방송국에서 마이크 잡고 방송을 하는 전문 사역자들을 위해서는 그저 무한 봉사만을 요구하고 더욱더 전문성을 키우도록 투자하고 애쓰지 않았으니 정작 지금처럼 코로나 19로 교회에 모일 수 없고 영상으로 예배를 드려야 하는 시기에 많은 교회와 기독 방송국에는 어른 성도님들을 위한 그래도 수많은 설교 콘텐츠들이 있지만 정작 주일학교 중고등부 청년 대학부 다음세대를 위한 부서에서는 영상 콘텐츠 하나 찾기도 어렵고 정작 담당 사역자님들이 개인의 능력으로 구하는 장비들과 콘텐츠로 이런 위기의 시대를 이겨내고 다음세대에게 믿음을 지키고 더 은혜를 받게 하고 더 많이 모이고 더 부흥시켜야 한다는 부담감이 커지기만 하네요.

물론 다 그렇지는 않지요···. 그래도 나름대로 한국교회의 지원과 투자 사랑과 관심과 기도가 있었기에 그나마 한국교회 다음세대와 자녀들에게 바른 복음을 넘기는 기회가 그래도 가능한 것이었으니 저 사진 속 전문가의 말처럼 연예인과 스포츠 스타들이나 세상 문화에 투자하고 애쓰는 것처럼 그래도 가장 생명과 직결된 곳은 조금 더 관심을 가져야 하는 것처럼 한국교회와 어른 세대들이 이제라도 교단에서 또한 교회에서 그리고 각 기독 방송사에서 한국교회와 다음세대를 위해 전문적으로 자신의 모든 몸과 시간과 평생을 바치며 만들어 가고 사역하고 있는 사역자들과 개도시에 있는 선교단체들 그리고 여러 기독 문화 콘텐츠를 만들어 가는 단체들과 사역자들 그리고 요즘에는 보기만 해도 눈물 나는 여러 선후배 다음세대 사역자들과 찬양 사역자들에게 조금만 더 관심과 사랑의 후원과 투자들이 일어날 수 있기를 소망해봅니다….

정부에서 어제부터 앞으로 개학 전 15일간 모든 국민들이 집중적으로 훨씬 더 강력한 사회적 거리두기 실천을 운영한다 하는데 이제 정말 교회 뿐만 아니라 학교 학원 그 외 여러 곳을 나갈 수 없이 가정 안에서 부모와 자녀가 함께 있어야 하는데 결국 만날 곳은 인터넷 세상이고 유튜브 세상이고 폰세상일 텐데…. 여전히 그곳에는 우리 자녀들을 무한히 유혹하는 세상의 수많은 문화 콘텐츠들과 어쩌면 이번 n번방 사건처럼 못된 어른들이 만들어놓은 온갖 음란하고 더러운 영상들이 우리의 자녀들을 노리고 있을 테니 정말 앞으로의 15일이 더욱 다음세대 사역자들에게는 비상이 되는 것 같습니다.

부디 이번 코로나 19가 대한민국을 비롯한 전 세계적으로 무엇이 우리 국민들과 다음세대를 위해 우선순위로 중요한지를 알게 되는 기회가 되길 소망하며 한국교회와 교단과 기독 방송사들이 교회와 다음세대를 위해 앞으로 정말 더 소중한 투자와 관심이 무엇이 되어야 하는지를 깨닫고 조금이라도 변화될 수 있는 기회가 되길 소망하며 기도해 봅니다.

유튜브 번개탄TV 사역

코로나 19로 시간이 조금 많이 남는 시기이지만 이상하게 번개탄TV 사역으로 인해 오히려 시간이 바빠 다른 티브이나 영화나 취미 활동을 보낼 시간이 없는 날들이었는데 저희 간사가 스토브리그라는 드라마를 꼭보셔야 한다고 전해줘서 틈틈이 시간을 내서 보다가 얼마 전 다 봤네요.

그리고 다 보고 내린 결론은 지금의 저와 저희 선교단체와 처한 상황이 참 많이 비슷함을 봅니다. 매년 꼴찌만 하고 경기 지는 것이 일상이 되었던 이 팀의 직원들에게 위기가 찾아왔는데, 이 팀의 지원을 끊고 해체시키려고 하는 드림즈라는 기업이 나타났기 때문이죠.

돌아보니 30년간 한국교회에서 다음세대 사역을 해오며 지방에서 시작된 선교단체가 주님 주신 마음으로 한 방송사 라디오 프로그램으로 시작해서 유튜브 방송으로 시작했던 번개탄 방송이 일주일에 한 시간짜리 프로를 만드는 것도 쉽지 않아 그저 열심히만 만들어 왔던 사역인데 이제는 코로나 19로 지난 4개월 동안 사역 속에 그동안 겪어보지 못했던 광야를 걷게 되었고 이제 다시는 코로나 19 이전 시대로 돌아갈 수 없다는 것이 현실이 되어 버렸기에 정말 4년 연속 꼴찌만 하던 팀이 우승을 목표로 새로운 출발을 하려는 장면 장면들과 겹쳐서 마음을 울리네요.

스토브리그 드라마 보는 동안에는 이사진이 제일 마음에 들었습니다…. 정말 매회 사람 때문에 돈 때문에 성적 때문에 힘들고 어려운 일들의 연속이었지만 그 모든 과정 이겨내고 다시 시작하게 되었을 때 그동안 고생했던 모든 팀원들이 함께 웃는 모습들이 보기 좋았네요.

뭐 드라마 속의 그 정도 스토리는 아니지만, 그동안 참 치열했던 시간들을 다음세대 사역의 현장에서 살아왔고 또한 앞으로도 늘 꼴찌에 있던 모습이지만 우승을 목표로 달려가는 드림즈가 아니라 그저 한국교회 다음세대의 부흥과 다음세대 한 영혼 구원이라는 목표로 달려가 봅니다.

번개탄TV의 처음 시작을 함께하는 선후배 동역자들과 스텝들 또한 앞으로 함께 해 줄 선후배 동역자님들과 사랑하는 친구들과 가족들 그리고 아직 많지는 않아도 소중한 번개탄TV 시청자 분들과 후원자 분들과 함께 다시 웃으며 주님 주신 사명 잘 감당하며 걸어가고 싶습니다.

또 힘들 수도 있고 더 힘들 수도 있지만 늘 구름기둥 불기둥으로 이끄시는 주님만 따라갔던 광야 속 주님의 백성들처럼 다시 한번 한국교회의 부흥과 다음세대의 부흥을 위해 한 영혼 한 영혼을 소중히 여기며 함께 한국 시리즈가 아니라 천국 시리즈 멋지게 우승하길 소망해 봅니다.

영끌 대출, 하늘 소망

예전에는 서울 63 빌딩이 제일 높은 빌딩이던 시절이 있었지요. 그때 지방 출신인 제가 신기해서 저 맨 위 꼭대기 올라가려 돈 내고 엘리베이터에 탄 기억도 있네요.

지금은 잠실 롯데타워가 젤 높은 빌딩이라 하는데 하늘색과 구름 색깔이 빌딩 색깔과 거의 똑같은 분위기에서 보니 정말 빌딩 중에서는 참 크고 높고 웅장해 보이네요.

믿음의 사람들이 늘 부르는 찬양처럼 이 땅에 빌딩이 아무리 크고 높아도 주님이 없으면 아무것도 아니고 주님과 함께라면 초가삼간도 나는 만족하네라 부를 수 있는 참믿음의 주인공이 되길 소망하며 세상 말처럼 서울에 집 한 채 살려면 영혼까지 끌어모아 산다는 '영끌 대출'이라는 신조어를 보며 날마다 한국교회에서 만나고 있는 다음세대들에게 우리의 영혼과 미래를 굳이 이 땅의 집에 소망을 두지 말고 우리의 영원한 집 저 하늘에 소망을 두고 있는 믿음의 사람이라면 이 땅의 높은 건물이 아닌 하늘의 본향을 볼 수 있는 눈이 생기길 소망하며 이런 마음으로 다시 이 사진을 보니 높은 건물이 아닌 저 건물과는 비교할 수 없는 아름다운 하늘과 구름이 보이네요.

그저 오늘 하루도 감사로 살아갈 수 있음은 이 땅에서 좋은 집과 높은 빌딩을 소유한 사람들보다 주님을 더 사랑하고 충만한 사람들이 부럽고 배우고픈 마음이 있기에 감사할 수 있으며 부디 이 마음 그대로 간직하고 살아가다 주님 앞에 설 수 있기를 소망해 봅니다. 물론 주님이 언젠가 꼭 주신다면 굳이 거절하지는 않겠지만….

그리 아니하실지라도 우리 가족과 동료들과 더 행복하게 더 감사하게 더 열심히 복음 전하며 주신 사명대로 이 땅에서 천국을 이루며 살아갈 수 있기를 소망해 봅니다.

승리의 노래, 끝날 때까지

축구나 야구처럼 인기 있는 스포츠 경기들을 보면 열심히 달리는 선수들도 멋지지만 정말 자신이 응원하는 팀을 위해 경기장을 찾아가 목청껏 소리높여 응원하는 응원단들도 정말 대단하고 멋진것 같습니다.

두 팀의 경기에 두 팀의 응원단들이 오게 되고 경기 내내 두 팀 응원단 모두 다 열심히 응원하게 되는데 경기를 마친 후에는 정말 정반대의 모습을 볼 수가 있는데 진 팀 응원단은 그냥 소리 없이 나가고 이긴 팀의 응원단은 경기가 끝나도 나갈 줄을 모르고 끝까지 남아서 승리의 기쁨과 선수들과 승리의 여운을 즐기는 모습을 볼 수가 있답니다. 경기에서 진 팀은 조용할 수밖에 없고 이긴 팀은 노래를 부르지요.

믿음의 삶도 마찬가지인것 같습니다. 이 땅에서 믿음의 경주를 하는 우리들도 하나님과 함께 삶 속에서 죄와 싸워 지게 되면 찬양도 못 하고 말도 못 하고 그저 조용히 슬픔으로 살아가지만 죄와 싸워 승리하면 승리의 노래를 부르고 하나님 앞에 기뻐 뜀뛰며 춤을 추고 믿음의 동료와 가족들과 함께 끝까지 남아 승리의 기쁨을 나눌 수 있게 되겠지요.

오늘도 코로나 19로 인해 슬픈 것이 아니라 어쩌면 삶의 자리에서 펼쳐지는 수많은 믿음의 경주에서 염려와 걱정 온갖 유혹에 속절없이 지고 있는 것은 아닌지 돌아보며 최선을 다해 꼭 승리하여 오늘도 우릴 응원하시는 주님 앞에서 모두 함께 기뻐 춤출 수 있길 소망합니다.

그리고 코로나 19와 기나긴 장마와 이제 또 무더위의 어려움 속에서도 짧은 방학기간 온 맘 다해 다음세대에게 모든 방법을 동원하여 복음을 전하고 있는 모든 선후배 동료들을 힘껏 응원하며 우리도 끝날 때까지 끝난 것이 아니니 서로가 서로를 마음껏 응원하며 오늘도 우리가 가야 할 길 묵묵히 걸어가며 마지막 승리를 함께 누릴 수 있기를 진심으로 소망하며 오늘도 함께 기도하며 응원의 맘을 보냅니다.

하나님 긍휼히 여겨주시길 기도하며 또한 어디서 어떤 모양의 예배가 드려져도 더욱 심하다 싶은 방역과 관리 또 마스크 착용도 더 철저히 본이 될 수 있기를 바라며 모두 함께 힘내서 승리로 달려 봅니다.

고군분투, 기도 부탁

오늘 아침 한 교회에서 주일 아침 정규 예배시간을 이용해 일일 수련회를 대체하는 예배를 드리며 인도하는 전도사님을 보며 들었던 생각이 정말 말할 수 없이 고생이 많구나! 정말 고군분투하고 있는 모습을 봅니다.

고군분투 : 적은 인원이나 약한 힘으로 남의 도움을 받지 아니하고 힘에 벅찬 일을 잘 해내다

그렇지않아도 무뚝뚝한 청소년들이 더 무뚝뚝하게 마스크를 쓰고 마음껏 찬양도 못 하고 크게 아멘도 기도도 못 하고 레크리에이션으로 마음도 못 열고 선생님들이 손잡고 도울 수 없는 2020년 코로나 시대의 여름 수련회. 그럼에도 여름의 뜨거운 날씨보다 더 뜨거운 은혜가 우리 다음세대에게 전해지길 소망하는 마음으로 공적 예배시간에 방역을 철저히 지켜가며 드려지는 예배를 함께 힘 모아서 꼭 이겨낼 수 있기를 소망해 봅니다.

사랑하는 동역자요 선후배 친구인 한국교회 다음세대 사역 최전방에 계신 분들에게 어제 오늘 더 많이 눈물 나고 화나는 상황들이 펼쳐지지만 그럼에도 이 싸움 이 전투 꼭 이겨내어 승리의 주인공 되길 소망합니다.

그리고 한국교회 어른 성도님들에게 이런 어려운 환경 속에서도 여

러분들의 자녀와 손주 손녀 위해 한국교회 미래 위해 고군분투 하고 있는 교회학교 사역자와 선생님들을 위해 더 많이 기도와 응원도 부탁드립니다.

코로나 19 시대의 한국교회의 미래가 어떻게 될지 한 치 앞을 알 수 없지만, 시간이 흐른 후에 이런 어려운 시대에도 하나님을 만난 다음세대 한 영혼의 놀라운 간증이 이어질 것을 믿으며 오늘도 복음을 전합니다.

청년 실신, 절대 믿음

청년 대부분이 실업자 아니면 신용불량자라는 안타까운 뉴스를 보면서 저의 20대를 돌아보니 20대를 지나며 신용불량자가 되어 당해야 했던 아픈 시간들이 갑자기 떠올라 마음이 짠해집니다.

그런데 실업자는 아니었던 것 같은데 아니 어쩌면 실업자가 되기를 바랐는데 24살 군대 제대하며 바로 시작했던 징검다리선교회 사역이 선교회로 또한 개인 사업자의 대표라는 직책으로 살아왔던 시간들….

2020년도에 코로나가 시작되며 일순간에 모든 사역이 멈추며 실업자가 될뻔했지만, 여전히 선교회 스텝들과 선후배 동료들이 있기에 함께 버텨내야 했던 시간들 가운데 감사하게 여전히 버티고 있다 보니 어느새 50이 되어 청년 실신이라는 말도 안 되는 단어의 조합을 보면서 여전히 오늘도 만나는 다음세대 청년과 청소년들에게 우리가 비록 살아가는 시대의 고난 속에 실직도 신용불량도 될 수 있지만 절대 믿음 잃지 말고, 절대 좌절하지 말고, 절대 포기하지 말고, 처음부터 다시 하나하나 새롭게 시작할 수 있기를 도전하고 기도하며 나이 50이 되었어도 여전히 큰 힘이 되어주지는 못하지만, 코로나 시대 어쩔 수 없이 실업자가 되는 것이 아니라 또 하나의 믿음의 모험으로 시작한 번개탄TV를 작은 법인으로 시작됐으니 이십 년 십여 년을 함께 걸어가는 스텝들과 제자들에게 부끄럽지 않은 모습으로 힘들고 어려워도 포기하지 않고 계속 믿음으로 한 걸음씩 앞으로 걸어갈 테니 함께 손잡고 밀어주고 끌어주며 이겨내 갈 수 있기를 소망하며 이 밤 이글을 보는 많은 청년 세대들이 잘 이겨내 주길 기도합니다.

행복한 사역, 맘 아픈 사역

다음세대 사역을 하며 제일 행복할 때는 힘들고 어려워하던 다음세대 친구가 다시 한번 주님의 은혜로 몸도 맘도 회복이 되어 다시 감사와 기쁨이 회복되고 자신과 가족을 사랑하며 주님이 주신 달란트를 찾아 작은 노력이라도 시작할 수 있을 때 행복해진답니다.

반면 다음세대 사역을 하며 제일 마음이 아플 때는 지난주처럼 자녀가 심하게 도박에 중독이 되어 힘들고 분노가 조절이 안 되어 동생에게 분노를 표출하는 바람에 어쩔 수 없이 병원으로 옮겼는데 같이 기도해 달라는 부탁을 받았을 때 참 마음이 아프답니다.

마음을 안아드리고 기도해 드리며 꼭 해 준 이야기는 그래도 포기하지 마시고 자녀를 위해 누군가 기도해야 하고 손잡아 줘야 할 때 그 사람이 되어달라는 부탁과 함께 언젠가 현장에서 만나 함께 예배 드릴 때 자녀와 함께 꼭 예배 드릴 수 있길 소망한다 전했답니다.

다음세대 사역은 정말 행복한 시간들도 있고 진짜 힘들고 어려운 시간들도 있지만 그럼에도 불구하고 다음세대 친구 한 명이라도 주님을 만나고 주님께로 돌아올 수 있는 기회가 주어질 수 있도록 함께 믿음 안에서 정답을 찾아낼 수 있도록 도와야 하겠지요.

　이번 한 주도 코로나 환경으로 인해 몸은 마음대로 움직이지 못하고 다음세대 사역의 현장도 많이 위축될 수 있지만 그럼에도 어디선가 누군가의 노력과 도전으로 다음세대에게 복음은 계속 전해지고 있음에 감사하며 함께 힘내서 끝까지 잘 걸어가길 소망합니다.

위기를 기회로

코로나 시대에 한국교회가 어려움에 빠지고 다음세대 사역에 어려움이 많아졌다 하지만 한 번만 생각해보면 오히려 이 위기의 시간이 기회의 시간으로 바뀔 수 있는 소중한 시간이 될 수도 있을 것이라 생각을 합니다.

첫째는 학교를 못 갈 때가 많아져 믿음의 부모님들과 함께 있는 시간이 더 많아졌으니 이제는 정말 더욱 믿음의 부모님들이 자녀들과 더 많은 대화를 통해 바른 믿음을 자녀들에게 심어줄 수 있는 기회가 주어질 수 있고요.

두 번째는 나라에서도 코로나 방역으로 인해 한국교회가 모이는 일은 어렵다 하더라도 공적 예배는 드릴 수 있도록 법적으로 인정을 했으니 오히려 이번 기회가 다음세대에게 수요 금요 주일 낮과 밤의 공예배를 드리며 예배의 소중함을 알게 할 수 있으며 또한 코로나 시대라 하더라도 많은 식당과 카페 아니 세상의 많은 공간들도 방역법을 철저히 지키며 오히려 더 열심히 수고하며 일하는 것처럼 한국교회도 더욱 충성할 때일 것입니다.

세 번째는 언젠가 5인 이상 집합 금지로 이상은 못 모여도 4명까지 소모임은 가능하니 이번 기회에 한국교회가 특히 다음세대 사역의 현장에서 많은 숫자들이 모여 예배드리도록 하며 드려졌던 많은 모임과 행사의 시간들을 이제는 정말 주님의 마음으로 소수의 제자들을 따로따로 만나 바른 복음을 전하며 많은 숫자가 모이는 출석 체크의 사역이 아니라 한 영혼 한 영혼 소중히 여기며 말씀을 가르쳐 지키게 하는 사역을 할 때가 된 것이지요.

코로나 시대 정말 한국교회의 위기와 다음세대 사역의 위기 속에 함께 기도하며 마음을 나누며 오늘 하루를 믿음으로 이겨나가는 모든 소중한 분들과 함께 오늘도 승리하길 소망하며 모든 시간들이 은혜입니다.

나이 오십, 세월을 아끼라

24살 군에서 제대하고 몇 달 만에 청소년 사역이 뭔지도 모르고 그냥 뭐라도 열심히 해보자는 마음으로 시작해서 지금까지 26년을 징검다리선교회란 이름으로 달려오며 그동안 정말 수백 수천수만의 사람들을 만나 함께 다양한 모습으로 사역을 이어왔습니다.

그동안 워낙 저의 부족한 모습에 힘들게 하고 어렵게 만들었던 시간들도 많았지만 그런 제 자신과 싸워가며 오늘까지 오다 보니 저 삐삐 말랐던 징검다리 이십 대 간사가 오늘은 많이 변한 오십 대 목사가 되어 버렸지만 늘 마음만은 저 시절과 달라진 것이 거의 없네요.

수없이 징검다리에서 만난 사람들 가운데 누군가는 기억도 못 하는 이전 이야기일 수도 있고 누군가는 그냥 재미있었던 추억일 수도 가슴 아픈 추억일 수도 어쩌면 잊고 싶은 시간들 일 수도 있지만 시작하는 날부터 오늘까지 저에게는 하루하루가 생명 건 날들이었네요.

늘 이전에 함께했던 사람들이 떠오르면 더 잘해주지 못함이 미안하고 또 내가 아닌 더 좋은 믿음의 리더를 만났으면 얼마나 좋았을까 생각도 해보며 자책도 해보지만 그럼에도 하루라도 함께 만났던 모든 시간이 저 하늘에서는 모두에게 소중한 간증이 되길 소망합니다.

하루의 아니 한 주의 일과를 모두 마치고 이제 다시 새로운 한 주를 준비하며 부디 이번 주도 앞으로도 만나는 모든 사람들과 특히 한국교회 다음세대들과 하루하루 만나는 모든 시간들이 여전히 이 땅에서 가장 치열한 사명의 시간이 되길 소망하며 살아가길 소망합니다.

오랜만에 옛날 사진을 보니까 갑자기 이전 생각도 나고 빼빼 마른 24살 우현이를 50살 우현이가 바라보는데 괜히 맘이 짠해지기도 하지만 저 시절의 주님과의 첫사랑을 잊지 않고 살아가길 한 번 더 기도하며 이 늦은 시간에 20대 30대 젊은 후배들과 그동안에 만났던 모든 제자들과 후배들에게 남기고픈 이야기는 정말 시간이 빨리 흐른다는 것…. 세월을 아끼라 또 세월을 아끼며 다음세대 사역하기 가장 어려운 코로나 시대의 모든 시간들도 헛되지 않도록 잘 이겨내 주어 우리 시대보다 더 귀한 복음의 사명자 되어주길 응원해 봅니다.

엉덩이 힘, 무릎의 힘

공부는 머리 좋은 친구들이 잘하는 것이 아니라 의자에 진짜 오래 앉아 있을 수 있는 엉덩이 힘으로 한다고 하지요.

사역은 탁월한 달란트 있는 사역자가 잘하는 것이 아닌 진짜 오래 무릎으로 주님께 기도하는 힘으로 한답니다.

주님 세상을 살아가는 동안 남들보다 더 좋은 아이큐가 아닌 남들보다 조금이라도 참을 수 있는 인내를 주시고 주어진 사명을 감당해 나가는 사역자로 살아갈 때 남들보다 더 좋은 달란트가 주님 일하심을 보게 하소서.

한 살 한 살 나이가 들어가며 하루하루 사역의 날들이 길어져 가며 알아가게 되는 삶의 원리 사역의 원리가 하나하나 달라져 감을 느끼며 배워가는 날들입니다.

어떤 고난의 상황이 와도 웃을 수 있고 어떤 축복의 은총을 입어도 눈물로 기도할 수 있는 믿음의 초심 절대로 흔들리지 않고 주님 앞에 서는 날까지 살아가길 소망합니다.

10년, 강산이 변합니다

10년이면 강산이 변한다고 하는데 24살에 도전한 징검다리 사역을 10년 달리고 나니 강산이 변한게 아니라 나의 철저한 실패와 부족함을 깨닫는 시간을 보게 되었고 그렇게 다시 36살에 고향을 떠나 서울에서 시작된 두 번째 도전을 통해 다시 14년이 지난 오늘도 강산이 변한게 아니라 이번에도 내 부족한 모습을 깨닫고 내 생각과 계획이 아닌 주님의 뜻과 계획대로 살아가고 있음을 깨닫게 되어집니다. 10년이면 강산이 변하는 것이 아니라 결국 강산보다 더 큰 내 고집과 내 자아가 변하는 것임을 이제야 깨닫게 되었네요.

이제 다시 나이 50에 새로운 도전을 하려고 합니다. 20-30대 때의 도전과는 또 다른 마음이고 또 다른 결정이지만 이번에도 10년의 세월이 지나 다시 오늘을 떠올릴 때 잘하였도다 착하고 충성된 종아 소리를 주님께 들을 수 있기를 소망하며 기도할 뿐입니다.

돌아갈 항구

이 땅을 살아가며 가끔은 망망한 바다에 떠 있는 배와 같은 환경과 상황일 때가 있지요. 그냥 혼자인 것 같고 길이 헷갈리고 어디로 가야 할지 몰라 헤맬 때 아니 그냥 넓은 바다에 홀로 떠 있는 것 같을 때 이 땅을 살아가다 보면 그럴 때도 있지요.

그러나 세상의 모든 배들이 돌아갈 항구가 있고 돌아갈 목적지가 있듯이 우리네 믿음의 삶도 언젠가 돌아갈 하늘이 있고 돌아갈 주님 품이 있으니 인생이란 바다 위에서 혼자가 아니라 우리 주님 언제나 함께하심을 믿기에 언제나 평안을 누립니다.

말로만, 말없이 함께

말로만 사랑한다 기도한다 귀하다 존경한다 함께한다 아들 같다 딸 같다 가족 같다 잊지 않는다 평생 함께한다 그리고도 수많은 말을 그냥 자신의 감정대로 말만 하고 기억도 못 하고 살아가는 사람들도 보고

　말없이 정말로 아무 말 없이 그냥 조용히 옆에서 함께 살아가 주며 어느 날 돌아보니 사랑 없이는 정말 가족이 아니면 못하는 일들을 아무 조건 없이 자신의 일인 것처럼 마음 다해 함께 해주는 사람들을 보며 말로만 살아가는 믿음의 삶이 아니라 말없이 아니 말은 줄이며 진심 어린 행함으로 믿음의 삶을 살아낸 사람이 되어야 함을 다시 한번 깨달아보며 주님 앞에서 부끄럽지 않은 믿음의 삶이 되길 소망합니다.

영상 채플, 현장은 전쟁입니다

누군가 그런 말씀을 하시더라구요. 코로나 시대라 학생들이 교회 현장 예배를 못 나오니 교회학교 사역자들이 할 일이 별로 없고, 미션 스쿨에 학생들이 채플을 못 나오니 교목실 목사님들이 할 일이 없을 거라는….

정말로 현장을 모르는 말씀이지요. 코로나 시대라 학생들이 교회에 오기가 어렵고 채플을 만나서 드리는게 어렵기에 오히려 더 치열하게 영상으로 준비하며 다른 곳에서 많은 전문가들이 할 일을 얼마나 고군분투하고 준비하며 사역하는지 안다면 정말로 다시는 그런 말씀을 못하실 겁니다. 오늘도 고등학교 신앙 채플을 학생들 없는 방송실에서 함께 드리며 부탁드리기는 미션 스쿨 교목실 사역을 위해서 많은 기도 부탁드립니다.

주님이 찾는 그 한 사람 어디에 있을까요. 분명 코로나 시대에도 현장이든 영상이든 다음세대 중의 한 사람을 찾아내어 하나님 나라를 전하게 하실 것을 믿으며 오늘도 함께 작은 힘이라도 보태며 함께 걸어갑니다.

이제는 모든 교회학교와 미션스쿨 채플 사역에는 영상과 현장이 병행되고 있기에 정말 많은 담당 교역자님들이 몇 배의 수고와 노력을 기울이고 있기에 같은 마음으로 모든 사역에 힘을 실어주시길 부탁드립니다.

비대면 예배, 기도회

비대면 시대에 유튜브로 예배를 드릴 때나 유튜브로 부흥회나 수련회를 진행할 때 가장 어려운 일은 아마 기도회를 인도하는 시간일 것 같습니다. 나름대로 찬양의 시간도 그래도 힘을 내고 말씀을 전할 때도 나름대로 최선을 다해 힘을 내보며 진행을 해보는데 기도회는 정말 아무도 보이지 않고 옆에서 함께 기도해주는 소리도 들리지 않고 함께 기도하는 다음세대 친구들의 마음도 모습도 보이지 않으니 어떻게 이해하고 이끌어야 할지 참 난감하고 힘든 것이 현실입니다. 그러기에 기도회를 인도하는 인도자에게 가장 중요한 모습은 진심 어린 진짜 주님 마음을 움직일 수 있고 다음세대 친구들의 마음을 함께 열 수 있는 간절한 진짜 간절한 마음의 부르짖음이 아닐까 생각을 해봅니다. 사역지에서 만나는 많은 사역자 분들의 기도 소리에 저의 마음도 더 많이 간절함이 생겼답니다.

비록 아이들을 현장에서 만나지 못하고 얼굴 보며 예배드리지 못해 마음은 아프지만 그럼에도 누구보다 더욱 간절하고 사랑하는 마음이 영상을 통해 잘 흘러갈 수 있기를 소망하며 수고하고 애쓰는 교회학교 사역자님들과 선생님들 모두에게 감사의 맘을 전합니다.

번개탄TV, 번개탄의 뜻

번개탄TV 사역을 궁금해하시는 많은 분들이 그래도 제일 궁금해 하시는 내용은 왜 이름이 번개탄이냐는 것입니다. 번개탄은 아시다시피 꺼진 연탄에 불을 피울 때 사용되는 것이기에 믿음의 성도들과 다음세대들의 꺼진 심령에 은혜의 번개탄을 피우고자 하는 소망을 품고 기도하며 만들었답니다.

그러다 여러 SNS와 포털 사이트에서 번개탄을 치면 자살 사이트와 연결되고 번개탄 피워 자살이라는 뉴스 영상들이 정말 많이 나오는 아픔의 단어인 것을 알게 되었고 그래서 더욱 힘내 번개탄 찬양 번개탄 말씀이란 제목으로 그동안 3000여 편의 영상을 제작해서 유튜브와 포털 사이트에 올렸답니다.

그러다 보니 며칠 전 왔던 DM처럼 삶의 마지막을 생각할 정도로 힘들었던 누군가가 번개탄을 검색하다 갑자기 크리스천 방송이 나오고 찬양과 말씀이 나와 당황은 했지만 그래도 다시 마음을 다잡는 시간이 되었다는 연락들을 종종 받게 되기에 정말 사람을 살리고 믿음의 불씨를 살리는 방송이랍니다.

앞으로도 계속해서 부족하지만, 기도를 부탁드립니다. 방송을 진행하는 모든 사역자들과 제작하는 모든 스텝들이 더욱더 성령 충만함과 사명으로 방송을 만들어 갈 수 있도록…. 또한 오직 복음 오직 예수 다음세대에게 복음을 전하는 통로로 바르게 쓰임 받아 영혼 구원 위해 쓰임 받는 통로가 될 수 있도록 진심으로 기도를 부탁드립니다. 우리는 참 많이 부족하지만, 번개탄은 연탄에 불을 붙이고 그저 재로 변해 사라지는 것처럼 우리는 이 땅에서 시대 속에 은혜의 번개탄으로 잘 쓰임 받고 그대로 조용히 잘 사라질 수 있기를 소망하며 끝까지 바르게 주님만 영광 받으시고 주님만 주인 되어주시길 기도 부탁드립니다.

지우학, 다음세대 영혼구원

지우학이라는 드라마를 보았습니다. 원래 좀비나 공포 영화는 거의 안 보는데 그냥 학교라는 공간 학생들이라는 주인공들이 궁금해 시간을 내서 보았는데 보는 내내 마음이 참 많이 복잡해지는 대사가 많았답니다.

대사 중 "아마 구조대가 와도 우리를 먼저 구하지는 않을 거야. 우리가 그렇게 중요한 사람들은 아니잖아…. 그냥 학생이잖아…."

어른들을 살리면 노하우가 생기고 애들을 살리면 희망이 생기지만 희망이 사라져도 어른들의 노하우가 필요할 거라는 학생들의 대사, 딸을 구하려는 아빠에게 절차를 기다리라 말하는 국회의원에게 그 절차 때문에 사람 못 구한 적이 많다는 아빠의 외침이 맘에 남습니다.

지금 한국교회에서도 코로나 시대에 먼저 믿음을 구해야 할 성도들이 있다면 어른 성도들일까요 다음세대들일까요? 모두 중요한 영혼들이지만 부모라면 진짜 믿음의 부모라면 바로 우리 자녀들의 영혼이 아닐까요?

지금 한국교회가 다음세대 교육부서의 주일 예배와 여러 사역이 얼마나 중요한지 알면서 계속 예산문제 공간 문제 코로나 상황의 여러 이유로 회의만 하고 있으면 정말 중요한 구조의 시간을 놓칠 수 있답니다.

원래 이전 학교라는 드라마는 청소년들의 풋풋하고 행복하고 즐거운 추억의 드라마가 많았는데 이제 학교가 나오는 드라마에 좀비나 이전 학생들의 모습이나 크게 다를 것 없는 안타깝고 속상한 내용들이 많아졌네요.

그럼에도 여전히 학생들이 희망이고 다음세대가 희망인 것은 세상과 교회가 똑같은 마음이니 우리 아이들이 살아갈 세상이 좀비 같은 세상이 아니라 천국 같은 세상이 될 수 있도록 지금 더 힘내 복음을 전해야 하겠지요.

다음세대 위해서 함께 기도해주세요. 오징어 게임과 지우학처럼 온통 모든 출연진을 죽이고 소수만 살아남는 세상 영상이 전부가 아니라 모두를 살리신 주님을 본받는 믿음의 세대가 일어나도록 기도 부탁드립니다.

재미있는 설교, 전해야 할 복음

어느 교회 주보에서 본 안내 글. 다음 주에 임우현 목사님을 초청하여 말씀을 듣습니다. 아마 엄청 재미있을 것입니다. 기대해 주세요. 그리고 당일 소개도 엄청 재미있고 행복한 예배가 될 거라 소개를 해 주셨답니다.

이제 제 나이 51살 이제는 제 아들이 군대에서 제대까지 했는데 한국 교회에서 20살에 중고등부 보조교사로 시작한 다음세대 사역이 어느새 징검다리선교회 27년 차를 시작하며 처음에 레크리에이션 강사로 시작해서 항상 다음세대를 만나 즐겁게 재미있게 놀이를 통해 복음을 전하다 이제 나이가 들고 때가 되어 말씀으로 복음을 전하는 순회사역자가 되었는데 여전히 다음세대 친구들은 재미가 없으면 바로 관심을 주지 않으려하기에 최선을 다해 아이들의 마음을 열고 즐겁게 만들어 말씀을 듣게 하며 복음을 전했는데 사실 처음에는 이 부분 때문에 실수도 잦았고 여러 사람들에게 공격도 참 많이 받았답니다.

맨날 웃기기만 하고 재미있게만 한다고 웃기는게 목적이 아니고 재미있게 하는게 목적이 아니라 복음을 전하기 위해 정말 우리에게는 선교지 같은 다음세대에게 복음을 전하기 위해 다음세대의 마음을 열기 위해 더욱 즐겁게 예배를 드리는 것인데 어떤 이들은 너무 가볍다, 너무 애들스럽다, 사실 어른 부흥회는 웬만하면 굳이 노력하지 않아도 잘 웃어주시고 잘 반응해 주시어 아이들 예배보다 훨씬 수월하게 은혜를 나눌 수 있는데 정말 다음세대 현장은 쉽지 않답니다.

그런데도 30년 한길로 열심히 달려와 나이 50을 넘어가며 여전히 아이들과 예배를 드리는데 또 어떤 분들은 애들과 코드가 잘 맞냐고…. 이제는 애들하고 소통이 안될 것 같은데 라며 또 걱정을 해주시며 말씀하시네요.

재미있게 해도 걱정…. 이젠 또 재미없을까 봐 걱정…. 제가 늘 후배들과 동료들과 나누는 이야기가 있습니다. 재미있게 해도 재미없을 때가 있고 재미없는 것 같은데도 재미있게 잘 들어주는 아이들도 있고 모든 예배와 만남은 우리가 아무리 노력한다 해도 우리 뜻대로 되는 것이 아니라 그저 주님의 뜻과 계획대로 되는 것이니 우리는 그저 최선을 다해 복음을 전하고 결과는 주님께 맡기며 하루하루 열심히 살아가면 되는 것이고 언제까지 청소년 사역한다고 이야기하며 미리 걱정하고 살 것이 아니라 오늘도 불러주시고 만나 달라 하는 곳이 있으면 가서 만나고 전하면 되는 것이고, 또 만나기 어렵고 불러주지 않아도 우리는 우리의 자리에서 주님 오실 때까지 변치 않는 사명을 가지고 오직 영혼 구원의 사명으로 복음 들고 다음세대와 복음이 필요한 한 영혼을 향해 전하러 가면 되는 것이지요. 어느 교회 주보에 실린 광고처럼 열심히 기도하며 준비한 사역자와 그래도 기다려 주는 다음세대 친구들을 위해서라도 더 재미있게 그런데 더 눈물 나게 더 간절하게 준비한 말씀으로 함께 예배드리길 소망하며 이제 코로나 치료도 다 받았으니 또 힘내서 다시 복음 들고 열심히 재미나게 달려 보길 소망합니다.

회복 후에도 쉽게 체력이 이전처럼 돌아오지는 않네요. 저도 모르게 강대상을 의지하게 되고 마스크 쓰고 설교하다 보니 말하기도 힘들고 그래도 현장과 영상으로 함께 예배드리는 다음세대가 있어 행복한 날입니다.

아무리 힘들고 어려워도 다음세대에게 복음을 전하는 현장을 지켜내고 있는 사랑하는 많은 선후배 동역자들에게 항상 고마운 마음을 전하며 힘들고 코로나 시대 함께 힘 모아 하나님과 친구들을 더욱 사랑하길 소망합니다.

청소년부 소식♪

#전체 광고
1. 다음 주(13일)에는 임우현 목사님을 초청하여
   말씀을 듣습니다♪
   아마 엄청 재밌을 겁니다!! 기대해주세요!!
2. 신약 성경 읽기를 진행하고 있습니다!
   반별로 목표를 정하셔서 한해동안 신약 1독에 !
   신약 1독 선물 있습니다♪
3. 새친구 등반 있습니다♥
   또바기반 - 김나연, 축하합니다!

CCTV, 말씀 앞에서

내 맘대로 달릴 수 있고 내 맘대로 달릴 수 있는 자유가 있지만, 차를 타고 도로를 달리는 순간은 내 맘대로 달려서도 안 되고 달릴 수도 없지요. 바로 모든 도로에는 법이 있고 그 법대로 잘 달리고 있는지 지켜보는 CCTV가 있으니 꼭 지켜봐서 잘 지키는 것은 아니지만, 그래도 늘 조심을 하게 된답니다.

이 땅에서 믿음의 삶을 살아가며 내 맘대로 살 수도 있고 내 맘대로 살 수 있는 자유가 있지만 절대로 이 땅을 살아가는 날 동안 내 맘대로 믿음의 삶을 살아서는 안 되지요. 하나님의 말씀 앞에서 말씀이 우리의 믿음의 CCTV가 되어 늘 내 자신을 돌아보며 삶의 속도를 조절해 나가며 삶을 살아가야 하겠지요.

CCTV 앞에서는 나이도 상관없고, 세상이든 교회이든 자신의 명함도 호칭도 상관없는 공평함이 적용되지요. 교회를 얼마나 오래 다녔는지 그동안 얼마나 충성을 하고 헌신을 했는지가 중요한 것이 아니라 오늘 위반 한 것은 바로 범칙금을 내듯이 바로 잘못한 일들은 회개하고 돌이켜야만 할 것입니다.

나도 그대도 우리 모두 다 과속 신호위반은 안됩니다. 실수였어도 몰랐어도 급한 일이 있었다 해도 범칙금은 내야 하듯이, 알았든 몰랐든 고의든 실수든 내 자신의 모습을 깨닫게 되는 순간 잘 돌이키고 고치고 다시 바로잡는 모습이 우리 모두에게 생길 수 있기를 함께 소망하며 다시 한번 기도합니다.

명품가방, 명품 사명

오늘의 에피소드. 오늘 낮에 만남이 있어 아내와 카페에 함께 가서 만남을 가지고 돌아오다 아내 핸드백을 놓고 오는 바람에 놀란 마음에 바로 매장에 전화해서 분실 전화를 했더랍니다.

그런데 바로 매장에서 안 받고 고객센터에서 받으며 알아봐 주겠다고 해서 핸드백 종류를 말해 주는데 갈색 핸드백이라 말하고 아내가 갑자기 "아니예요. 아니예요. 모르겠어요"라고 말하더군요.

그리고 전화 끊고 하는 이야기가 핸드백이 갈색이라 하니 그쪽에서 말하길 루이뷔통이냐고. 그래서 아니예요 라고 말하니 샤넬인가요? 그래서 다시 아니라고 말하니 그럼 머냐고?

그러자 아내가 당당히 말했답니다. "모르겠어요." 결혼 15주년 때인가 아마 8년 전에 처음 사준 십여만 원했던 결혼 후 처음이자 마지막 핸드백이었는데 아내도 저도 이름은 모르고 있었네요.

그냥 우리가 아는 건 "갈색이고 그 안에 본죽 쿠폰이 있어요"만 계속 말하며 웃기만 하는데 아내가 말하길 난 루이뷔통이나 샤넬 같은 명품 사주면 바로 팔아버릴 거라고 웃으면서 말을 하기에 그래서 제가 바로 말해 주었답니다. 그래서 안 사주는 거라고…. 전 역시 우리 아내를 잘 알고 있는 좋은 남편이 아닌가 하는 생각을 하며 저녁에 혼자 카페에 와서 핸드백 찾아갑니다.

아마 앞으로도 오래오래 사용해야 할 갈색 이름 모를 핸드백이지만 아내의 소중한 물건 넣고 다닐 귀한 것이니 내일 잘 가져다줘야지요. 우리 부부는 이 땅에서 만들어진 명품들이 아니라 늘 바라기는 저 하늘의 소망을 품고 사는 은혜의 명품 되길 소망하며 전국 카페 고객센터에서 일하시는 분들의 수고에도 감사하고 이름 모를 핸드백처럼 우리도 이 땅에서 이름 없이 잘 쓰임 받다가 마지막에 주인 되신 주님 품에 잘 안기길 소망하며…. 암튼 25살에 실수로 시집와서 오늘 밤도 밤 열두 시까지 사역 현장을 지켜야 하는 아내와 함께 명품 사명을 주신 주님께 감사뿐입니다.

채플실 거울, 십 년 후 내 모습

예배 후에 학교 채플실 현관 로비에 서 있는데 한 여학생이 제 앞에 와서 서길래 인사하러 왔구나 생각을 하고 있는데 갑자기 제 앞에서 본인 머리를 만지며 머리 정리를 하길래 왜 그런가 봤더니 제 뒤에 벽 거울이 하나 걸려있더라고요. 그것도 모르고 괜히 또 은혜받아 찾아온 줄 알았네요.

그래서 집회 때 학생들에게 너희 채플실 뒤에 있는 거울을 보며 나갈 때 거울 속에 자신을 보며 한마디씩 해주라고 했습니다. 십 년 후에 이십 년 후에 다시 이곳에 찾아올 때 더 귀하고 멋진 하나님의 사람이 돼서 만나자고…. 학교에서 거울만 치우지 않는다면 아마 십 년 후에 오늘의 나를 만날 수 있겠지요.

다음세대 친구들에게 늘 해주는 말이 있답니다. 지금의 내 모습 말고 십 년 후의 내 모습을 생각하며 살아가자고…. 세상은 지금의 내 환경 내 성적과 위치로 나를 판단하고 말하지만, 우리 주님은 지금이 아닌 십 년 후 아니 주님 앞에 서는 날까지 우리의 있는 모습 그대로 우리를 맞아주고 안아주시겠지요.

정말 십 년 후에 다시 믿음의 사람으로 만나서 서로가 서로에게 힘이 되고 응원이 될 수 있는 그런 만남으로 함께 살아갈 수 있기를 소망하며 저도 거울 앞에서 십 년 후 저에게 한마디 해보았네요. 우현아 너 십 년 후에는 환갑이다. 에고 언제까지 청소년을 만날지 모르지만, 오늘도 달려 봅니다.

다음세대 사역, 부끄러운 고백

이 말을 쓰는데 저에게 좋은 것인지 나쁜 것인지 잘 모르겠지만…. 한국 교회에서 다음세대 사역을 20살 청년이 되어 중고등부 보조교사로 시작해서 교사 전도사 부목사 선교단체 간사와 순회사역자가 될 때까지 31년을 살아오다 보니 어느새 여기저기 다음세대 사역의 현장에서 동생들도 후배들도 그리고 그냥 어디선가 한번 만나 예배드리거나 SNS에서 연결된 다음세대 친구들을 꽤 알게 되었네요.

어느새 선배 아닌 선배의 자리에서 이런저런 이야기를 나누게 되는데 코로나 전에도 힘들고 어렵게 다음세대 사역의 현장을 지켜내던 많은 선후배 동료들과 정말 처음 경험하는 코로나 시대를 이 년이 넘게 지나오며 얼마나 힘든 광야를 건너야 했는지 옆에서 함께했기에 (물론 저도 마찬가지였고요 ㅠㅠ) 누구보다 조금은 잘 알고 있는데 이제 다시 조금씩 코로나 위협에서 벗어나 일상을 회복해 가며 다시금 힘을 내고 용기를 내어 다음세대 사역을 이어가며 도전하려는 누군가에게 작은 힘이라도 위로라도 될 수 있기를 바라며 다음세대 사역을 30여 년 그래도 포기하지 않고 이어올 수 있었던 작은 마음 한두 가지를 나누고픈 마음인데 제가 지난 시간 동안 아니 요즘에도 종종 자주 듣는 말 자주 경험하는 말들이 있는데 때론 그 말들로 인해 힘들고 아프기도 했지만 그래도 언제나 인정하며 되돌아봅니다.

하나는 바로 무식하다는 이야기입니다. 그냥 가까운 사람들도, 잘 모르는 사람들도 그냥 이런저런 말 하다가 제게 툭툭 왜 이리 무식하냐고…. 진짜 세상살이의 참 많은 부분도 제가 할 수 있는 사역과 제가 알고 있는 전문 분야들 외에는 가끔 제가 생각해도 전 참 너무나 많이 모르고 무식한 것 같아 저도 제가 답답할 때가 많고요. 이런 저 때문에 우리 주님께 얼마나 죄송한지 모른답니다.

그런데 내가 참 많이 무식해서 생긴 유익이 있다면 내가 아는게 없고 내가 잘하는게 없으니 내가 이 땅을 살아가며 주어진 한 달란트로 만들어 가는 모든 사역과 삶의 모습은 온전히 하나님의 은혜이고 긍휼임을 알아가게 되는 것이지요. 그리고 부족한 것을 알기에 조금이라도 더 열심히 한 걸음 더 빨리 한 번이라도 더 많이 도전하며 온전히 하나님을 의지하며 나아가는 믿음이 생긴 것 같습니다.

둘째는 누구 아는 사람 없어 입니다. 그냥 20살 때 대학 입학과 시작한 고학 생활이었고 생각하면 20살 2월부터 시작된 아르바이트가 어느새 31년째 이어지고 있으며 그동안 단 한 번도 안정된 직장이나 사역지를 경험한 적이 없답니다. 24살에 징검다리 선교단체를 만들어 대표가 되어 함께하는 간사들의 삶과 사역을 작든 크든 책임지는 자리에 있었기에 늘 많은 실패의 연속이었답니다.

캠프를 열었다가 수도 없이 무너지고 여러 찬양콘서트를 열었다가 실패하기 일쑤였고 (여기서 실패란 그 당시에 예상했던 결과에 도달하지 못하는 실패랍니다 ㅎㅎㅎ) 음향 영상 조명 그 외 여러 이벤트 사업들도 시작하면 망하고 그러다가 부도나고 파산을 하면서 우리 가족들과 처가 가족들까지 또한 함께 사역하겠다고 만났던 많은 이들을 얼마나 많이 고생을 시켰는지 정말 미안할 뿐입니다.

그때마다 늘 듣는 이야기가 누구 아는 사람 없어, 누가 도와줄 사람 없어, 누구 만날 사람 없으라는 참 인생살이의 막막한 시간의 광야들이 있었답니다. 여전히 지금도 누군가를 만나는 일은 부담되고 힘들고 어려운 것이 현실이고 (근데 이런 말을 해도 자꾸 제 말을 믿어주지 않아서 당황스럽기는 합니다) 여전히 다음세대 사역을 도와주고 함께할 사람을 만나는 일은 정말 어렵습니다.

그런데 그렇게 만날 사람 없으니 더욱더 하나님을 가까이 만날 수 있었고 어렵게 한 사람 한 사람과 친해져 가기에 주변에 있는 선후배 동료들 한 사람 한 사람 소중히 여기며 살아가다 보니 어느 날 제 사역의 현장에 참 많은 선후배 동료들이 함께하고 있는 축복을 누리고 있으니 오히려 화가 변하여 복이 되어 버린 것이 아닌가 생각하며 오늘도 나보다 더 귀한 하나님의 사람들과 함께 열심히 걸어갑니다.

마지막 한마디는 그냥 웃는 겁니다. 웃을 일 많이 없는 세상이지만 즐거워하는 이들과 함께 즐거워하고 우는 자들과 함께 울며 그렇게 함께 걸어가는 것. 항상 기뻐해야 쉬지 않고 기도할 수 있고 그래야 범사에 감사할 수 있는 힘이 생기는 것이고 그것이 가장 중요한 하나님의 뜻임을 잊지 않고 이 땅에서 누리는 기쁨과 감사가 아닌 주님이 주시는 기쁨과 감사로 살아갈 수 있기를 소망해 봅니다.

습관을 바꾸면 미래가 바뀐다

초판 1쇄 인쇄 | 2011년 3월 28일
초판 100쇄 발행 | 2017년 9월 12일
개정판 1쇄 인쇄 | 2022년 7월 27일
개정판 1쇄 발행 | 2022년 7월 29일

지은이 | 임우현
펴낸이 | 박대용
펴낸곳 | 도서출판 징검다리
등록 | 1998. 4. 3. No.10-1574
주소 | 경기도 파주시 산남로 85-8
전화 | 031)957-3890~1   **팩스** | 031)957-3889
이메일 | zinggumdari@hanmail.net

디자인 | 오브디자인 ovdesign.kr

ISBN | 978-89-6146-171-9 (03230)